把握机遇和挑战的
中国与世界

CHINA AND THE WORLD:
SEIZING OPPORTUNITIES
AND TAKING ON
CHALLENGES

迟福林 • 主编

中国工人出版社

图书在版编目（CIP）数据

把握机遇和挑战的中国与世界 / 迟福林主编. —北京：中国工人出版社，2023.7
ISBN 978-7-5008-8211-4

Ⅰ. ①把… Ⅱ. ①迟… Ⅲ. ①对外开放—研究—中国
Ⅳ. ①F125

中国国家版本馆CIP数据核字（2023）第113588号

把握机遇和挑战的中国与世界

出 版 人	董 宽
责任编辑	左 鹏
责任校对	张 彦
责任印制	栾征宇
出版发行	中国工人出版社
地 址	北京市东城区鼓楼外大街45号 邮编：100120
网 址	http://www.wp-china.com
电 话	（010）62005043（总编室） （010）62005039（印制管理中心） （010）62382916（工会与劳动关系分社）
发行热线	（010）82029051 62383056
经 销	各地书店
印 刷	宝蕾元仁浩（天津）印刷有限公司
开 本	710毫米×1000毫米 1/16
印 张	13
字 数	260千字
版 次	2023年9月第1版 2023年9月第1次印刷
定 价	58.00元

CONTENTS 目录

第四篇 **中国式现代化与高质量发展**

第五篇 **中国—东盟全面战略合作中的海南自由贸易港**

附 录

序言一　用心用情讲好中国式现代化故事

曲莹璞

2022年10月，举世瞩目的中国共产党第二十次全国代表大会在北京胜利闭幕。大会在政治上、理论上、实践上取得了一系列重大成果，就新时代新征程党和国家事业发展作出战略部署，确定了到2035年的总体目标和未来5年的主要目标任务，发出了为全面建设社会主义现代化国家、全面推进中华民族伟大复兴而团结奋斗的伟大号召。

习近平总书记在大会上提出，“从现在起，中国共产党的中心任务就是团结带领全国各族人民全面建成社会主义现代化强国、实现第二个百年奋斗目标，以中国式现代化全面推进中华民族伟大复兴”。一时间，“中国式现代化”成为全球关注的热点，也被众多外国媒体作为“解码”中国的一个关键词。

中国式现代化故事是新时代中国故事的重要内容，也是让世界读懂中国发展道路的重要载体。用心用情向世界讲好中国式现代化故事，阐释好中国式现代化道路的世界意义，增进国际社会对中国特色社会主义的认知认同，是中国媒体、智库的重要使命和时代责任。

对外讲好中国式现代化故事、阐释好中国式现代化道路涉及以下方面：

第一，立足中国，展现中国式现代化将继续创造“人间奇迹”。中国14多亿人口要整体迈入现代化社会，其规模超过现有发达国家的总和。要带领如此巨大规模的人口在现代化道路上迈进，艰巨性和复杂性前所未有，发展途径和推进方式也必然具有自己的特点，这就要求中国走一条不同于外国的发展道路。经过艰辛的探索，中国共产党带领中国人民把马克思主义基本原理同中国具体实际相结合、同中华优秀传统文化相结合，不断谱写马克思主义中国化时代化新篇章，走出了一条光明大道，创造了世所罕见的经济快速发展和社会长期稳定两大奇迹，正信心百倍推进中华民族从站起来、富起来到强起来的伟大飞跃。

第二，放眼全球，阐明中国式现代化为“不确定”的世界增加“确定性”。当前，百年变局与世纪疫情交织叠加，逆全球化思潮抬头，单边主义、保护主义明显加剧，世界经济复苏乏力，全球性问题加剧，特别是俄乌冲突给世界带来更多不确定性。有的国家还不遗余力地搞贸易壁垒、技术壁垒，搞“小圈子”“硬脱钩”，到处煽风点火，大发“战争财”，给世界和平发展造成障碍。

在这样的背景下，中国坚定推进中国式现代化，坚持对内改革和对外开放相结合，坚持真正的多边主义，维护经济全球化，提供“一带一路”倡议、全球发展倡议、全球安全倡议等国际公共产品，推动建设更加美好的世界。在应对气候变化、保护生物多样性等方面，与有的国家动辄“退群”和回避责任不同，中国提出“碳达峰碳中和”等目标并制订行动计划，支持生物多样性多边治理体系，彰显了负责任大国的世界担当。根据世界货币基金组织最新的预测，随着大多数发达经济体增长放缓，2023 年世界经济将面临很大压力，而中国稳健发展，将占全球总增长的 30%。一个开放发展、繁荣稳定的中国在世界舞台上将继续发挥稳定器和动力源的重要作用。

第三，面向未来，彰显中国式现代化为人类文明发展开辟新路径。中华文明作为世界上唯一没有中断的古老文明，经过数千年发展，与世界各大文明交流交融，守正创新、历久弥新，在新时代绽放出灿烂光辉，走出了中国式现代化道路，开创了人类文明新形态。实践表明，中国式现代化道路切合中国实际，体现社会主义建设规律，也体现人类社会发展规律。中国式现代化以“并联式”和“时空压缩”方式快速推进，破解了人类社会发展的诸多难题，打破了“西方中心论”“历史终结论”“文明冲突论”的迷思，丰富和发展了社会主义现代化理论和世界现代化理论，拓展了人类文明迈向现代化的路径选择。

中国式现代化是靠我们一代代人的勤奋和牺牲精神“内生性发展”实

现的，不走一些国家通过战争、殖民、掠夺等方式实现现代化的老路，与一些国家奉行“国强必霸”的丛林法则和零和博弈、冷战思维有本质区别。中国坚定地站在历史正确的一边、站在人类文明进步的一边，弘扬全人类共同价值，在维护世界和平与发展中谋求自身发展，又以自身发展更好维护世界和平与发展。中国对世界的贡献得到国际社会特别是发展中国家的广泛赞誉。例如，在非洲等地机构开展的民意调查均显示，中国在相关国家民众心目中形象持续提升，超过了欧美国家；许多非洲国家提出了“向东看”的口号。

在习近平总书记掌舵领航下，中华民族伟大复兴号巨轮正劈波斩浪、勇毅前行，不断取得新的发展成就，同时为世界作出新贡献。

［作者系中国日报社社长、总编辑］

序言二　坚持深化改革开放的中国与世界

迟福林

坚持深化改革开放，坚持发展是第一要务。这是党的二十大向世人发出中国坚定改革发展的重大信号。

未来10年的世界，将处在百年未有之大变局加速演进的关键时期，处在全球化何去何从新的十字路口。面对新形势、新挑战，党的二十大作出重大战略部署，坚定地走中国式现代化之路；坚定地构建高水平社会主义市场经济体制；坚定地推进高水平开放；坚定地推动高质量发展。这是符合时代趋势的重大选择，并将为全面建成社会主义现代化强国奠定坚实基础和重要保障，为推动全球经济再平衡作出新的重要贡献。

一、深化改革是最大的发展预期

1. 以深化市场化改革的务实行动增强各方的发展预期和发展信心。我国是一个发展中大国，仍处在经济转型和经济发展的关键时期。以市场活力释放经济增长潜力，以构建高水平市场经济体制、推动高质量发展是深化改革开放的重大任务。当前，受多重因素影响与冲击，预期转弱、活力不足成为我国经济社会发展需要着力解决的突出矛盾。例如，2022年4月中国消费者信心指数出现剧降后，虽有反弹但相当乏力。中国人民银行调查数据显示，截至2022年第三季度，我国居民收入信心指数、就业预期指数仍处于2020年以来的历史低点，推动经济企稳回升仍面临不少难题。

改革开放40多年来的生动实践充分证明，发展预期、发展信心主要取决于改革预期。什么时候市场化改革坚定有力，什么时候市场活力、经济活力就强，发展信心就足。党的十八届三中全会以来，“我国以巨大的政治勇气全面深化改革”，发挥市场在资源配置中的决定性作用、更好发挥政府作用，提升了国内外对我国发展的信心，实现了经济较快增长。当前，稳定和增强各方发展预期，尤其是企业预期，需要结构性政策调整，更需要全面深化改革开放取得新突破。要按照党的二十大要求，坚持社会主义市场经济改革方向，加快深化要素市场化改革进程，厚植发展基础、增强发展信心，以更大魄力继续做好“市场在资源配置中的决定性作用”这篇大文章。

2. 以深化市场化改革进一步激发市场主体活力。我国经济发展有巨大潜力。从需求潜力看，我国已经形成拥有 14 亿人口、4 亿多中等收入群体的全球最大、最有潜力的市场；从供给能力看，我国目前登记在册的各类市场主体达 1.6 亿户。当前的突出问题是，企业尤其是中小微企业预期转弱与消费者预期不稳限制了市场潜力和活力的释放。2022 年前三季度，民间投资仅增长 2.0%，不足固定资产投资整体增速 5.9% 的一半；社会消费品零售总额同比仅增长 0.7%；7 月份 16~24 岁人口调查失业率为 19.9%，8 月、9 月份有回落，但总体看，青年失业率仍然处于历史较高水平。

改革开放以来，我国经济持续快速增长，关键是搞活了市场，搞活了企业，进而激发了社会活力与经济运行效率。实践一再证明，有效激发市场主体的内在动力，充分释放市场主体的巨大潜力，是经济较快增长的重要因素。党的二十大报告再次明确，要“坚持和完善社会主义基本经济制度，毫不动摇巩固和发展公有制经济，毫不动摇鼓励、支持、引导非公有制经济发展”；提出要“优化民营企业发展环境，依法保护民营企业产权和企业家权益，促进民营经济发展壮大”；并且要“弘扬企业家精神，加快建设世界一流企业”等。落实党的二十大精神，要按照市场化、法治化、国际化的要求，依法保护民营企业产权和企业家权益，推动涌现更多新一代企业家，使各类市场主体愿意干、敢投资，使广大企业家有劲头、敢拼搏、敢创新。

3. 以处理好政府与市场关系为重点优化发展环境。客观来看，当前市场预期转弱、活力不足，既有疫情等外部因素的影响，也有改革落实不到位、政策执行不当的多重影响。例如，一些部门密集出台某些规范市场秩序的相关政策，尽管符合经济社会发展的中长期方向，但是具体执行时容易关注短期目标而忽视其对经济发展的系统影响；再例如，地方层面防疫“层层加码”的某些形式主义做法，干扰或影响了企业尤其中小微企业正常的生产经营。

党的二十大报告中提出，“深化简政放权、放管结合、优化服务改革。构建全国统一大市场，深化要素市场化改革，建设高标准市场体系。完善产权保护、市场准入、公平竞争、社会信用等市场经济基础制度，优化营商环境”。按照党的二十大要求，要在进一步优化政府与市场关系方面出台和实施针对性强的改革举措，特别是要防止“长期战略短期化”、“合成谬误”，进一步规范和优化政府对经济运行的调控行为。与此同时，要强化民营经济发展的法治保障，在破除行政垄断中营造公平竞争的市场环境，优化公平竞争的市场秩序，建立规范科学的市场监管体系。要严格落实“疫情防控坚决防止简单化、一刀切和层层加码”等规定，科学精准抓好疫情防控工作。由此，营造稳定、良好的发展环境。

作为全球第二大经济体，我国的市场化改革具有越来越大的外溢效应。2013—2021 年，我国对世界经济增长的平均贡献率达到 38.6%，超过 G7 国家贡献率的总和，是推动世界经济增长的第一动力。落实党的二十大精神，要在市场化改革方面取得突破性进展，以形成经济企稳向好的发展势头。这不仅将成为我国高质量发展的重要基础，也将为面临衰退挑战的世界经济提供重要动力。

二、结构转型蕴藏巨大发展潜力

1. 新阶段的结构转型蕴藏着高质量发展的巨大潜力。现代化是基于工业化的生产方式和生活方式的历史性过程。“中国式现代化”既有各国现代化的共同特征，更有基于国情的中国特色。经过改革开放 40 多年的发展，当前我国总体已进入工业化后期。2021 年，我国人均 GDP 达到 1.26 万美元，超过世界平均水平；第一产业增加值占比为 7.3%，第三产业增加值占比达到 53.3%；第一产业就业比重为 22.9%，第三产业就业比重达到 48%；常住人口城镇化率达到 64.72%。这些指标符合工业化后期的一般标准。

在这个时期，我国经济结构转型具有自己的突出特点。一方面，新阶段的经济结构转型仍然蕴藏着巨大的发展潜力，这是今后 10 年、20 年实现经济较快增长的最大底气；另一方面，我国 14 多亿人口的消费结构正在发生重要变化，并为新发展格局和高质量发展创造巨大内在动力。例如，我国城乡居民的服务型消费在未来的 10～15 年，若从目前的 45%左右（2021 年我国人均服务性消费占居民消费比重为 44.2%）提升到 60%左右，至少将释放数十万亿元的消费需求。这就要求坚持从满足人民日益增长的美好生活需要出发，稳步推进产业结构、消费结构等方面的转型升级，深化以结构转型为主线的结构性改革。由此，加快构建以国内大循环为主体、国内国际双循环相互促进的新发展格局。

2. 以结构转型为主线深化结构性改革。我国是一个经济结构转型大国。结构转型既是发展问题，也是改革问题。40 多年的改革开放，使国家计划为主导的工业化转变为市场调节为主导的工业化，并且逐步融入经济全球化进程中。实践证明，我国的工业化进程既是一个经济结构不断调整优化的过程，也是一个改革不断深化、制度不断完善的过程。从目前的情况看，推进结构转型，需要不断破解政策与体制、体制与体制、短期与中长期等方面的结构性矛盾；需要不断化解需求与供给、工业与服务业、经济增长与社会发展等结构性问题。

当前，我国结构转型还面临着许多结构性矛盾与问题的挑战，解决这些矛盾与问题，既需要结构性政策调整，更需要结构性改革的突破。一方面，要以稳定经济增长为主要目标推进结构性政策调整，推动形成更具弹性的经济转型政策和社会发展政策等；另一方面，要推进与结构转型相适应的结构性改革，形成中长期经济增长的主动力。例如，补齐关键安全领域的短板，提高供给体系对国内需求的满足能力，以高质量供给引导和激发新需求潜力；适应产业结构、消费结构转型的趋势，要以服务领域为重点，着力打破市场垄断和行政垄断，促进现代服务业与先进制造业深度融合，并实现消费与供给的良性循环；适应科技结构升级趋势，需要深化科教体制、人才管理体制改革，完善企业投入基础研发的体制机制，明显增强“硬科技”的国际竞争力；适应城乡结构转型，要推进公共资源与生产要素双向自由流动的体制改革，完善城乡基础设施投入体制等。

3. 14亿人口大国的结构转型，既是中国发展的重大机遇，也是世界经济增长的重大利好。不同的发展阶段需要不同的经济结构。我国的结构转型将贯穿于实现现代化的全过程，并将释放巨大的增长潜力。未来10~15年，坚定推进以结构转型为主线的结构性改革，我国经济实现年均5%左右的增长是有条件、有可能的。

我国的结构转型将为全球贡献巨大的新增需求市场。初步预测，到2025年若在我国医疗健康领域分享20%左右的市场份额，将新增1万亿元以上的业务收入；过去10年，我国累计进口了26万亿美元的商品和货物，年均增长4.6%。按此增速预测，未来10年我国将累计进口46万亿美元的商品和货物，是目前的近2倍。与此同时，我国的结构转型将促进形成更加稳定、多元、平衡、包容的世界经济格局。例如，过去10年，我国对东盟投资累计达1051亿美元，年均增长6.6%；未来10年，我国结构转型将进一步增大对东盟等经济体的直接投资，在共同做大全球经济“蛋糕”过程中，推动全球经济再平衡。

三、扩大开放是发展的重要条件

1. 以高水平开放促进高质量发展。中国发展离不开世界，世界发展也需要中国。“过去40年中国经济发展是在开放条件下取得的，未来中国经济实现高质量发展也必须在更加开放条件下进行。”我国作为具有巨大发展潜力的经济大国，应对世界之变、时代之变、历史之变，必须以高水平开放统筹发展与安全，以高水平开放推动经济高质量发展。

2022年底，我国70%以上的原油（2021年中国原油对外依存度为72%）、70%左右的芯片（2021年我国的国产芯片自给率已经超过30%）、

80%左右的重要原材料需要进口，核心基础零部件、关键基础材料、基础技术和工业等产业对外技术依存度在50%以上，中间品进口额占我国进口总额的比重达到76%（2019年）。

统筹发展与安全的关键在于推动高水平开放。例如，需要主动进口全球优质商品和服务，以开放的主动赢得内需潜力释放的主动；需要更加重视边境内开放，在高水平开放中倒逼深层次市场化改革，促进国内国际市场顺畅联通；需要深度参与全球产业分工与合作，形成“你中有我、我中有你”的更大范围、更高水平的安全发展，在进一步畅通国内国际双循环中补齐产业链、供应链、创新链的短板。

市场经济是开放经济。在全球范围配置资产，既优化资源配置，又推动全球产业发展。要“依托我国超大规模市场优势，以及国内大循环吸引全球资源要素，增强国内国际两个市场两种资源联动效应，提升贸易投资合作质量和水平”。例如，作为技术密集型的芯片产业，需要上千道工序、70多次跨国交易才能完成。芯片产业的高度国际化，带动相关企业的高度国际化。某大国企图以芯片制造“芯梗”，“以芯制华”维护自身的霸主地位，这不仅难以改变芯片产业高度国际化的大趋势，更不可能为处于衰退边缘的世界经济带来任何好处。中国主动推进产业开放进程，并且开放程度越来越高。这是一个不断“做大世界经济蛋糕”的过程，不仅不会带来“产业挤出”问题，反而将有利于推动各国技术合作与技术进步，带来更大的全球产业合作空间。

2. 稳步扩大以服务贸易为重点的制度型开放。目前，服务贸易已成为全球自由贸易的重点，成为我国着力推动高质量发展的重点。2021年，全球服务贸易同比增长17%以上，已恢复至新冠肺炎疫情前水平；2013—2021年，我国累计服务进出口总额年均增长6.4%，比货物贸易年均增速快1个百分点，服务贸易在我国开放型经济中的地位全面提升。

党的二十大提出“创新服务贸易发展机制，加快建设贸易强国”。我国推进以服务贸易为重点的高水平开放，关键在于落实党的二十大报告中提出的“稳步扩大规则、规制、管理、标准等制度型开放”。例如，在健康、教育、信息、文化等领域加快推进服务业对内对外开放进程，全面落实准入前、准入后国民待遇；主动对接国际先进服务业市场规则、人才标准、发展规制，创新服务贸易自由便利的体制机制；以服务贸易为重点推进自贸试验区转型升级，加快粤港澳服务贸易一体化进程，打造服务贸易开放高地。大幅提升我国知识产权、金融等生产性服务贸易以及旅游等生活性服务贸易的国际竞争力；积极参与全球服务贸易与数字贸易规则谈判，促进双边、多边服务贸易合作。

3. 以高水平开放维护多元稳定的国际经济格局。当前，全球化正处在新的十字路口。某大国“筑墙设垒”“脱钩断链”动作不断，掀起逆全球化潮流，使全球格局冲突和动荡频发，使世界经济复苏乏力。但是，世界已不是原来的世界。产业高度全球化和科技革命终将杀出一条血路，推动世界经济再平衡。面对多重全球性危机叠加的严峻挑战，中国坚定地推进高水平开放，不仅是基于自身统筹发展与安全的务实选择，更是向世界主动分享中国大市场的重大举措，不仅将推动促进中国构建双循环新发展格局，也将为全球经济增长与世界经济再平衡创造有利条件。

当前，中国正在务实推进 2022 年正式生效的 RCEP 进程。RCEP 覆盖中国与东盟两个最具市场活力和发展潜力的新兴经济体。充分释放 RCEP 红利，不仅将对东亚区域经济一体化与区域经济增长产生重大影响，也将为世界经济复苏和全球再平衡作出重要贡献。高质量实施RCEP，重在做好对内对外开放布局的统筹协调。一方面，在率先全面落实RCEP规则与开放承诺基础上，发挥东盟中心地位，促进RCEP适时扩容升级；另一方面，发挥国内部分地区的地缘优势，优化区域开放布局。例如，依托RCEP规则，做实中国与东盟全面战略伙伴关系，努力将海南自由贸易港打造成为中国与东盟全面战略合作的重要枢纽；统筹东北亚区域一体化和东北经济振兴，提升东北地区开放水平，打造面向东北亚的现代产业体系；抓住时机，主动推动重启中欧投资协定。

2022 年 9 月 23 日，由中改院和新加坡国立大学东亚研究所共同倡议，9 个国家的 13 家智库发起设立的“RCEP 智库联盟”正式成立。在此，欢迎更多的国内外智库参与，共同打造开放共享的合作网络，为推进 RCEP 进程提供智力支持。

“空谈误国、实干兴邦。”当前，我国坚持改革开放面临的复杂程度、解决问题的艰巨程度明显加大。这既需要前瞻性思考、全局性谋划，更需要务实推动重大改革举措落地见效。

［作者系中国（海南）改革发展研究院院长］

第一篇

全球经济增长前景及挑战

积极应对日趋严峻的全球经济挑战

谢伏瞻　中国社会科学院学部委员

习近平总书记在党的二十大报告中指出：当前，世界之变、时代之变、历史之变正以前所未有的方式展开，人类社会面临前所未有的挑战。一方面，世界百年未有之大变局加速演进，新一轮科技革命和产业变革深入发展，国际力量对比深刻调整；另一方面，世纪疫情影响深远，逆全球化思潮抬头，单边主义、保护主义明显上升，世界经济复苏乏力，局部冲突和动荡频发，全球性问题加剧。

在此背景下，全球经济面临新的动荡变革，各种风险挑战急遽增加，实现全球经济强劲、可持续、平衡、包容增长目标任重道远。全球经济形势主要表现为以下三个特点：

一、全球经济复苏动力持续减弱

2022 年以来，全球疫情形势延宕反复，国际环境更趋复杂严峻，一些超预期突发因素给全球经济带来严重冲击。在很多国家应对政策空间有限、国际宏观经济政策协调不力的情况下，全球经济下行压力持续加大，经济复苏进程举步维艰。总的来看，当前全球经济形势主要呈现四个特征。

一是全球经济增速远低预期。2021 年下半年，全球经济已开始显现复苏动力不足的迹象，国际社会对全球经济的悲观情绪不断上升。2022 年 10 月，IMF 估算数据显示，2022 年全球经济增速为 3.2%，较一年前该机构的预测值下调了 1.7 个百分点。如此大幅下调预测值，在 IMF 历史上非常罕见。中国社科院的相关研究预计，2022 年全球经济增速的最终核算值很可能会低于目前 IMF 的估算值，甚至不排除降至 3%以下的可能性。

二是全球贸易投资增长乏力。由于全球实际需求低迷，全球贸易增长大幅放缓。2022 年 10 月，世界贸易组织（WTO）预计，2022 年全球商品贸易量将增长 3.5%，较 2021 年下降 6.2 个百分点。在国际投资方面，受俄乌冲突、金融条件收缩影响，跨国公司风险厌恶情绪上升。2022 年一季度，绿地投资、跨境并购及国际项目融资分别下降 21%、13%和 4%。2022 年全年全球 FDI 会出现下降。

三是全球经济政策空间收窄。2008 年国际金融危机爆发以来，全球主要经济体出台了大规模的刺激政策，后遗症尚未清除。新冠肺炎疫情暴发，一些发达经济体又出台大幅纾困政策。随着疫情呈现长期化趋势，叠加一些新的冲击因素，很多国家应对经济下行的政策工具已十分有限。2022 年 10 月，IMF 数据显示，2021 年全球纳入统计的 193 个经济体中，85.5%的经济体财政出现赤字，财政赤字率超过 3%的经济体占比达 60.1%，财政赤字率超过 6%的经济体占比为 32.1%；其中发达经济体的赤字率达 7.3%。在全球通胀持续走高的背景下，多数经济体不得不持续加息和收紧货币政策，大规模财政赤字越来越难以为继。

四是全球经济治理进程受阻。在全球经济复苏步伐放缓之时，个别大国却热衷于搞“筑墙设垒”“脱钩断链”，在国际上大肆推行单边制裁、极限施压，国际宏观经济政策协调难度持续加大，全球经济治理赤字不断加重，给全球经济复苏增加了许多新的风险挑战。由于一些国家的阻挠，世界贸易组织、国际货币基金组织、世界银行等全球经济治理机制的改革和建设难以取得实质性进展，为全球经济保驾护航的功能弱化。作为全球经济治理的重要平台，二十国集团也面临成员之间的分裂，合作进程受到严重干扰。

二、全球经济运行风险高位累积

近年来，全球经济频繁遭受各种超预期因素的冲击，经济下行、就业环境恶化、收入下降、通胀高企、债务攀升、金融动荡等经济风险相互交织。同时，人口老龄化、气候变化等长期因素的负面效应集中凸显，全球经济运行面临的风险不断累积。目前来看，以下四点尤为值得关注。

一是美国货币政策负面效应外溢。2022 年 1—9 月，美联储已加息 5 次，累计加息 300 个基点，创美联储 40 多年最快加息纪录，并引发了全球“加息潮”。同期，全球加息达到 3 次的央行有 25 家，阿根廷等国家央行甚至已加息 9 次。美联储还处在加息通道，2022 年美联储共加息 7 次，累计加息 425 个基点。2023 年 2 月，美联储开启年内首次加息，加息 25 个基点。美联储持续加息已大幅提升美国国内金融风险和经济衰退的可能性，美元持续升值通过国际贸易、跨境资本流动等渠道加剧全球金融动荡。美国的货币政策操作加大了全球经济复苏阻力，还可能在部分国家引发金融危机。

二是全球债务水平持续攀升。国际金融协会（IIF）数据显示，2021 年全球债务总额达 303 万亿美元，创历史新高，占全球生产总值的比例达到 351%。同期，发达经济体政府总债务占 GDP 比例为 117. 9%，新兴市场与发展中经济体政府总债务占 GDP 比例升至 63. 7%。尽管债务水平与经济增长之间的传导机制还有待探讨，但两者之间在统计学上却有很强的相关性。一项研究分析了 44 个国家 200 年来政府债务与经济增长的数据，发现政府债务占 GDP 比例超过 90%后，经济增速的中位数会下降 1 个百分点；对新兴经济体而言，当外债占 GDP 比例达到 60%后，经济增速的中位数会下降 2 个百分点。IMF 已对发展中国家的债务问题发出警示：截至 2022 年 3 月，69 个低收入国家中有 8 个国家陷入债务困境，有 30 个国家处于高风险状态。

三是全球粮食与能源危机加剧。受新冠肺炎疫情、地缘政治冲突以及极端气候灾害等多重因素影响，全球粮食与能源供应短缺问题愈演愈烈。世界粮食计划署数据显示，截至2022年6月，在全球82个国家中，严重缺乏粮食保障的人口增加到3.45亿人。为了应对粮食价格上涨，大约25个国家采取了出口限制措施，全球超过8%的粮食贸易受到影响，进一步加剧了全球粮食供需矛盾。同时，全球能源供需形势持续恶化，能源价格大幅上涨，能源安全成为各国重点关注目标。能源供求结构变化对全球地缘政治和产业格局带来长期影响。联合国贸发会议数据显示，2022年9月，全球能源价格指数同比上涨98.1%，相比2020年4月的低点上涨了4.9倍。相比2021年初，2022年欧洲天然气期货价格最大涨幅超过10倍。能源价格上涨导致居民能源消费支出增加，产业链下游企业生产成本上升、盈利空间收缩甚至破产。

四是非经济因素的制约加大。当前，疫情、地缘热点问题仍是影响全球经济走势的不稳定性、不确定性因素。同时，政治因素对经济活动的干预持续加大，国际经济合作意识形态化以及全球产业链供应链工具化、武器化的态势更加明显。一些国家以维护国家安全为名，加大了对正常国际经贸活动的管控，导致全球经济环境持续恶化。此外，重大自然灾害频发日益成为当今世界的常态，给全球经济造成前所未有的冲击。全球经济走势因此变得更加难以预测。

三、全球经济增长前景不容乐观

当前，全球经济运行中的各种短期问题和长期矛盾交织叠加。在一些不稳定、不确定、不安全的短期因素不断涌现的同时，一些深层次矛盾和结构性问题也日益凸显。无论是经济增长动力，还是全球经济环境，不利因素相对以往明显增多，全球经济增长前景可能进一步恶化。

短期来看，全球经济出现滞胀的可能性大幅增加。一方面，全球经济增长仍处于下行通道。IMF预计，2023年全球经济增速进一步降至2.7%，比2022年低0.5个百分点，面临经济衰退的国家生产总值将占全球GDP的三分之一。另一方面，全球通胀仍将处于高位。IMF估计，2022年全球通胀率为8.8%，比2021年上升4.1个百分点；尽管2023

年的预测值有所下降，但仍高达6.5%。世界银行2022年9月份的研究报告显示，如果将全球通胀率降至5%的目标水平，各国央行需再加息2个百分点，可能使2023年全球经济增速降至0.5%。这意味着全球经济将陷入技术性衰退。

中长期来看，全球经济将行进在中低速增长轨道。未来3~5年，全球经济增速大致维持在3%，发达国家与发展中国家仍将保持不同经济增速，不同地区之间的经济增速也会明显分化。

“这是一个充满挑战的时代，也是一个充满希望的时代。”过去5年，我们有效应对严峻复杂的国际形势和接踵而至的重大风险挑战，推动经济社会发展取得举世瞩目的重大成就。党的二十大全面擘画了未来中国经济发展的宏伟蓝图，明确了以中国式现代化全面推进中华民族伟大复兴的路线图。继续发挥我国超大市场的规模优势、经济发展的强大韧性与巨大潜力，更加积极有效应对各种风险挑战，不断增强国内大循环内生动力和可靠性，不断推进高水平开放并提升国际循环质量和水平，我们一定能巩固经济长期向好态势，为全球经济注入更多的稳定性、确定性和建设性因素，不断以中国新发展为世界提供新机遇。

中国国际发展合作助力重塑中国与世界关系

罗照辉　国家国际发展合作署署长

国际大势变化，说到底是大国互动关系的变化，是大国力量消长的变化。近年来，百年变局与世纪疫情叠加震荡，大国博弈加剧，地缘冲突上升，全球化势头受挫，贸易保护主义抬头，世界经济复苏艰难，南北发展鸿沟拉大。世界大势又一次处在“五洲震荡风雷激”的重要关口。

中国准确识变、科学应变、主动求变。习近平主席把脉世界大势，引领时代潮流，提出人类命运共同体理念、“一带一路”倡议和全球发展倡议，为全球重置发展议题、实现共同繁荣贡献了中国智慧、中国方案、中国力量，为中国深化改革开放、重塑与外部世界关系实现新突破。

一是共建“一带一路”，实现共同发展。“一带一路”倡议兼备陆海、横跨东西、联通古今、泽被苍生。习近平主席亲自主持召开两次高峰论坛，打出一系列重大举措。迄今已有 140 多个国家、30 个国际组织同我国签署了“一带一路”合作文件。“一带一路”已经开花结果，中巴经济走廊建设可圈可点，中老铁路成功运营，东部非洲有了第一条高速公路，马尔代夫有了第一座跨海大桥，82 个经贸合作区遍布全球。

二是落实全球发展倡议，对接联合国关于 2030 年可持续发展议程。习近平主席提出的全球发展倡议，推动国际社会对发展问题再聚焦，引导国际发展合作事业再出发，致力于如期实现联合国 2030 年可持续发展目标。为落实该倡议，习近平总书记 2022 年 6 月又宣布系列重大举措，包括成立全球发展促进中心、举办全球共享发展行动论坛、升级“全球发展和南南合作基金”并增资10亿美元、再提供10万个研修研讨名额等。迄今已有100多个国家和联合国等国际组织支持该倡议，60多个国家加入“全球发展倡议之友小组”。

三是引领国际抗疫合作，助力构建人类健康命运共同体。在习近平主席亲自部署指挥下，我们全面开展抗击新冠肺炎疫情国际合作，赢得广泛国际赞誉。我们向153个国家、15个国际组织提供大批抗疫物资，向34个国家派出医疗专家组；我们向110多个国家、4个国际组织提供超过22亿剂疫苗。目前抗疫援助仍在进行中。我记得，30多国总统或总理亲往机场迎接并带头接种，盛赞中国疫苗是“及时雨”。

四是多措并举，赋能受援国经济社会发展。中国通过成套项目、技术援助、紧急人道主义援助、人力资源培训等方式，为促进全球共同发展，特别是改善发展中国家经济社会民生投入大、贡献多。中国援外72年来，已实施数千个成套的物资项目，开展上万个技术合作和人力资源开发合作项目，为发展中国家培训各类人员40多万人次。从坦赞铁路到喀喇昆仑公路，从杂交水稻到菌草，从青蒿素到新冠肺炎疫苗，中国援助不仅有力推动全球发展车轮滚滚向前，也生动诠释了负责任大国的担当。

大道之行，天下为公。习近平总书记多次强调，中国共产党也是为人类谋进步、为世界谋大同的政党。中国对外援助和国际发展合作是马克思国际主义思想中国化时代化的具体体现，是中国共产党初心使命在人类进步事业中的伟大实践，是中国传统文化天下大同理念的时代诠释。

中国援助独树一帜的国际发展合作模式，广受受援国欢迎。在合作理念上，坚持共商共建共享共赢，尊重主权、人权，不干涉内政、不附加任何政治条件；在合作渠道上，从以政府援助为主渠道、重视双边，逐步向援助主体多元化、双多边结合转型；在合作方式上，注重硬援助与软援助相结合，对外援助与互利合作相结合，对接受援国发展战略，实现经济互补与共同发展；在合作类型上，发挥成套项目、技术和物资援助、人力资源开发合作、紧急人道救援等传统优势，注重“小而美”

民生项目。为更好统筹和引领国际发展合作，2018 年中国政府专门成立国际发展合作署。

中国对外援助和国际发展合作将以习近平新时代中国特色社会主义思想为指引，以践行人类命运共同体理念、推动高质量发展“一带一路”和全球发展倡议为使命，全面提升对外援助的统筹协调能力和现代化治理水平，共创人类美好未来。

一是大力弘扬对外援助光荣传统。远途始悟乾坤大，70 多年来，我们与发展中国家守望相助，同舟共济，向国际社会展现了中国人民雪中送炭、扶危济困的正义形象。我们将坚持正确的义利观，坚持平等相待，援助不附加政治条件，不干涉他国内政的原则，既为广大发展中国家提供力所能及的帮助，也为实现联合国 2030 年可持续发展议程贡献力量。

二是深刻把握对外援助发展方向。当前世界风云激荡，对外援助如何向全世界提供更有效、更丰富的全球公共产品，进一步改善全人类民生福祉，成为摆在我们面前的重大课题。我们要强化统筹协调，提升援助综合效益；坚持“授人以渔”，聚焦可持续发展；注重因地制宜，发挥区位比较优势；加强国际合作和南南合作，着眼发展中国家疫后复苏，拓展公共卫生、气变、生物多样性、农业等领域合作，全面落实全球发展倡议，推动开放包容增长。

三是始终坚持以人民为中心的发展理念。我们坚持民生优先，把消除饥饿和贫困放在首位，着力提升受援国基层民众的获得感。中国对外援助是朋友之间的相互帮助，既积极促进受援国民生改善、经济发展，也为中国发展、人民幸福创造了良好的外部环境，这也体现了“赠人玫瑰、手留余香”的精神。

四是共同创建国际发展合作新格局。要实现中方与受援方、合作方的愿景相通、意愿相通、渠道相通，要实现中央与地方的政策对接、项目衔接、资金联结，要实现政府对企业的平台支撑、资金支持、优惠扶持，携手开创新时代国际发展合作新局面。

世界经济格局变动与中国经济发展

曹远征　中银国际研究有限公司董事长

长期以来，人们认为经济全球化是再自然不过的事情，它既是我们既往的生活状态，也是未来的发展趋势。然而这次俄乌冲突使人们突然发现经济全球化是如此脆弱。西方的制裁与俄罗斯的反制裁都是以既定的国际经济金融规则为武器，以自残为代价，在损害各国经济的同时，也使世界经济体系不断地碎片化。于是，人们担心世界经济的前景，如此下去，全球会不会重新冷战化，甚至出现热战？

回顾经济全球化的前世今生，可以看到世界经济体系具有两层相辅相成的含义：它既是一个经济、金融的运行体系，也是一个包括规则、规制、标准与管理在内的制度体系，两者互为表里的结果形成了一整套以规则为基础的国际多边治理体系。其中，前者规定了后者的发展方向，后者则制约着前者的发展态势。所谓百年未有之大变局，就是这两者处于矛盾之中，因相互不能适应而需要变革。

这个矛盾在 2008 年国际金融危机之后就开始暴露出来。由于全球经济发展的不平衡，产业持续向发展中国家尤其向中国转移，使发展中国家出口顺差增长，这一全球经济失衡不仅被认为是金融危机的根源，而且也是发达国家产业空心化、居民收入难以增长，甚至贫困化的原因。去全球化，首先去金融化成为一种思潮，而当年占领华尔街的示威就是其反映。但是，那个时候国际社会仍然对经济全球化抱有信心，采取了维护和支持的态度。其中一个反映就是迅速成立了包括发达国家和发展中国家在内的二十国集团，并不断召开峰会，其目标就是推动全球经济

“强劲、平衡、可持续的增长”。尤其是2016年在中国杭州召开的峰会上，二十国集团共同签署了《全球结构性改革议程》。这一议程既有结构性改革的优先领域和一般原则，也有行动的时间表和路线图，以此推动着二十国集团从一个非正式的危机应对机制向指导全球经济中长期的结构性改革的长效治理机制转型。然而，也恰恰在这个时候，世界出现了另一股逆流——去全球化。随着美国特朗普政府的上台，中美贸易冲突骤然爆发，并愈演愈烈，而当前的俄乌冲突又将以规则为基础的国际多边治理体系推到了崩溃的边缘。在这样一个关键时刻，安全问题被提到前所未有的高度，出现了一系列表达这一关切的新经济词汇，比如近岸生产、友岸生产，取代了过去的在岸和离岸的概念。正是出于安全的考虑，全球的产业链正在发生重组，其趋向是缩短化，并向持同样价值观的国家和地区集中。也正是这个原因，因产业链变动和重组，全球的经济下行和物价上行会持续一段时间，换言之，40多年来未有之滞胀局面将再度显现。

与此同时，从发展趋势看，全球的产业格局正朝两个相互背离的方向变动：首先，在欧洲出现了俄罗斯和欧盟产业的背离。俄乌冲突后俄罗斯经济向西走的努力受阻，开始向东看，特别明显地表现在廉价油气能源供应上。与此相对应，欧洲尤其德国以俄罗斯廉价能源为支撑的重工业受到了严重冲击，甚至难以维持并出现了外迁的迹象。其次，在亚太地区中美产业脱钩的现象正在严重化。在过去一年中，美国相继出台了《基础设施投资和就业法案》《芯片与科学法案》和《通胀削减法案》。在推动美国产业全方位与中国脱钩的同时，鼓励企业回流美国，其结果就是近年来中美两国贸易占其全部贸易的比重持续下降，美国曾是中国第一大出口目的地，目前已让位于东盟。

全球产业格局的上述变动趋向，既是经济去全球化的表现，又是经济全球化新安排的机会。我们注意到，全球产业格局的上述变动，意味着产业链向欧亚大陆中心方向收缩，从而使“一带一路”的意义凸显。在“一带一路”上，既有上合组织成员国丰富的能源资源，亦有中国作为世界工厂，庞大制造业尤其基础工业能力，还有以东盟为代表，具有低成本劳动力的竞争优势，如果通过某种机制使这些生产要素跨国组织起来，形成纵贯欧亚大陆的产业链，既应对了当下全球产业格局变动的挑战，又能促进“一带一路”国家的经济和发展。其中，利用中国在上合组织和 RCEP 之间的地理中枢地位，发挥其在产业链中的强链和补链作用，十分重要。

于是，在俄乌冲突的背景下，如果说“一带一路”国家产业链上的合作强化曾经还是设想的话，那么现在的条件正在逐渐地具备并日益成熟，这不仅在于世界经济环境的变化，“一带一路”国家日渐靠近，使上海合作组织成员国正在扩大中，更重要的在于基础设施互联互通已经并将继续取得进步。截至目前，中欧班列总共开行超过 5 万列，其中 2022 年前 10 个月就超过 2021 年，达到万列。展望未来，中吉乌铁路、中国尼泊尔铁路、中缅铁路、中越高铁、中老高铁延长接入泛亚铁路都将规划并相继开工，与此同时远距离输电和输油气技术也日益成熟。凡此种种，使曾经因运输物流成本高昂，而产业不得不布局沿海的难题得以解决。“一带一路”合作因此正迎来更加光明的前景，中国同时作为上海合作组织和 RCEP 的成员国，又是大型经济体，在世界经济格局变动中，有责任帮助“一带一路”国家，包括管理在内的制度型开放是关键，这既是 2016 年 20 国杭州峰会全球结构性改革议程的初心，也是海南自贸港建设的指向，坚持这个主旨就是坚持经济全球化。

危机四伏的世界经济出路何在

郑京平　国家统计局原副局长

关于世界经济前景的预测，可以说正被悲观情绪所笼罩。随随便便即可列举出一打世界经济面临的问题与矛盾。面对挑战丛生、危机四伏的世界经济，出路在哪儿？世界经济前景暗淡，但危中有机，出路在脚下。

一、世界经济前景暗淡

未来两年世界经济将进入近 20 年的低谷：疫情冲击的不利影响仍在；通货膨胀超出预期，整治的条件和基础差，控制难度大，尤其是粮食和能源价格飙升，使许多低收入者陷入生活困境，增加了通胀的严峻性；俄乌冲突负面影响大、外溢程度高，严重危害世界经济稳定；绿色转型受到挑战；多国政府更迭、不稳定因素（如右翼势力）上升等。

根据国际货币基金组织（IMF）10 月份的最新预测，2022 年全球增长率可维持在 3.2%的水平，但 2023 年的预测值只有 2.7%。2023 年全球将出现大范围的增长放缓，占全球经济三分之一左右的国家将在 2022 年或 2023 年出现经济萎缩。美国和欧元区等大体量的经济体将继续处于增长停滞状态。

通常来说，IMF 的预测都是相对乐观的。而一些国际研究机构和智库的预测则相对客观，他们给出的预测则悲观得多。如牛津经济研究院的预测认为，全球经济正处于衰退的边缘。由于实际收入减少、利率上升以及资产和房价下跌带来的不利财富效应，美国、加拿大和欧洲大部分国家的GDP2023年将出现下降，而IMF的预测仍是正增长。

从通胀角度看，问题更加突出。9月份，美国通胀率同比上涨8.2%；核心通胀率上涨6.6%，创下40年新高。欧元区同比通胀率为9.9%，为欧元区有史最高，是欧洲央行通胀控制目标的近5倍！

二、危中有机，路在脚下

治理经济滞胀或说要走出经济滞胀泥潭是比较复杂和棘手的宏观调控问题。因为应对“滞”与“胀”二者的宏观政策会出现冲突。例如，为对抗通胀，货币政策要求实际利率上升，而这会使经济增速下降。财政政策因为担负照顾大众民生的重任，更希望实际利率维持在较低水平，以此保证一定的经济增长。因此，需要分别清晰地判断“滞”和“胀”的原因，通过抓住主要问题，采取结构性的宏观政策进行治理。

本轮“胀”的原因：前期货币供给过大，大水漫灌式的货币政策出现了后遗症；全球化大倒退，破坏了既有的全球产业链、供应链、价值链，提高了供给成本（主要原因，既有人为破坏为保住霸权、用意识形态画线、较大规模的局部战争等，也有突发并演变成持续性全球性疫情的影响）；绿色低碳经济转型的脚步有些超前；人口老龄化，疫情因素导致的劳动力短缺；极端天气等。本轮“滞”的原因，除了导致“胀”的原因外，还有疫情改变和影响了人们的投资和消费行为与需求等。

通过以上分析我们不难发现，前期货币供给过大，大水漫灌的后遗症因素，属于欠债还钱性质，最多只能适当放缓还钱的速度，而不能不还钱。极端天气属于天灾，短期无能为力。人口老龄化也不是短期能解决的。各国政府能够实施，并较快见效的措施是：一是尽快摒弃“政治正确”，重振全球化的雄风；二是适当放缓绿色低碳经济转型脚步，尽管大方向需要始终坚持。这两条既是短期应急之举，也是长期需要注意和坚持的举措。此外，长期来看，还要通过国际支付体系的改革，破除单一主权货币作为国际贸易结算手段，恣意操作，绑架损害其他国家利益的困境；通过改革全球合作机制，强化国家间协调，以助力全球化；

在逐步形成和完善疫情防控常态化前提下，通过有效的国际贸易和交往机制，推动全球化。具体来说，有以下建议。

1. 尽快消除阻碍全球化的因素，继续大力推动全球化。从短期看，治理滞胀就是要扩大供给，压缩需求。能够较快见效的措施是：各国携手力推全球化，尽快修复全球产业链、供应链，通过扩大生产要素配置范围和配置效率，实现提高生产要素投入产出率的目标，进而实现抑制通货膨胀、促进经济增长的目的。特别是对民生影响较大的粮食、能源等基本生活必需品，以及日益短缺人力的资源，更需要优先考虑在全球范围互通有无，自由流动。全球化是治理滞胀最方便也最易见效的方法。与此同时，各国政府还需视自身情况，配之以价格控制、暴利税、反垄断措施和监管商品投机等市场与行政干预相结合的务实手段，强力抑制通货膨胀。

实际上，经济全球化不仅有利于短期抑制通货膨胀、防止经济衰退，也是长期推动全球经济可持续发展无可替代的重要途径。要将“政治正确”压缩在尽可能小的范围及领域；尽可能大地拓展生产要素的流动与配置范围及领域。先易后难，尽快着手实施，可以从区域或利益集团开始，不断过渡和扩展到全球和各个领域。

2. 要学会在加强传染疾病防治条件下，有效推动全球化的方法。毫无疑问应该加强新冠肺炎疫情防治管控，尽早结束疫情。但与此同时，也应尽早寻求并适应，在有效防治传染疾病大规模暴发前提下，推动全球化的途径。首先在思想上要接受和重视，传染性疾病常常会与全球化相伴这一严峻事实。

3. 进一步发挥 20 国集团（G20）作用，加化国际间协调。应从现有国际沟通协调机构/机制入手，尽快形成各国协调共进、联手抗击滞胀的合力，以提高抗击效率。G20 是一个可选平台，但需要改革。由于 G20 只是一个国际经济合作论坛，没有常设的秘书处和工作人员，仅由当年主席国设立临时秘书处来协调集团工作和组织会议。如果要使其发挥更大、更加实质性的作用，需要进行较大改革。一个可选的方向是，成立常设机构，加强日常协调。应建立常设秘书处，以便更好地保障G20平台运转效率，提高处置问题和有关决议的及时性、连续性和针对性。领导人峰会应在现有每年一次的基础上，视情况增加临时峰会。每年一次的各国财长和行长会议也应该增加频率，变为每年两次。

4. 推动研究创立新国际结算货币，结束单一主权货币主导的局面。以美元为主的国际货币结算体系问题多多，广受诟病。创立新国际结算货币日益紧迫。美国已多次利用美元作为主要国际储备外汇的地位，以美国自身利益为核心，转嫁美国自身经济危机，损害其他国家的利益。以当前的经济形势为例，美国为抑制国内的通货膨胀，大幅快速加息，使其他国家，包括其盟友国家的货币兑美元大幅贬值，极大地影响了其他国家的经济和金融稳定，造成他国经济损失。尤其是亚洲新兴经济体和发展中国家深受其害，而又奈何不了美国。美国前财长康纳利就曾经说过："美元是我们的货币，却是你们的麻烦。"最近，尽管美元指数屡创新高，但美国财长耶伦仍继续力挺"市场化美元汇率"，总统拜登也说"不担心美元暴涨"，并将全球经济增长的问题推给其他国家。

对此，许多国家已经忍无可忍，纷纷采取行动"去美元化"。实际上，物极必反，美国的行径，美元的霸道，已经遭到国际社会的反对。这为改革国际货币结算体系创造了条件。一个可能的方向是：通过市场竞争和国际社会协商，形成由几种主权货币组合而成的国际货币。对于这几种主权货币的发行和相应国家的货币政策要有一定约束和限制，也就是说，参与国际货币组合的国家需要让渡一定的货币政策主权。例如，货币发行量要经过特定的国际议定机制批准，或者要与某些贵金属做一定比例的挂钩。从而达到，既可以避免由于金本位带来的通缩，又可以避免没有约束的货币滥发，侵占他国利益。表面上看这种国际货币类似于IMF的特别提款权SDR。但由于以市场竞争为基础，又对主权货币发行增加了一些限制性条件，既保留了现行竞争成为国际储备货币的优点，又可以限制其不足，可能较SDR更加容易被市场接受。改革初期，可以授权国际货币基金组织或成立新的独立国际组织来实施对这些货币发行的约束。这样有一定基础的国际协商机制，比凭空创造出一种全新的全球货币更容易实现。建议有关国家或机构适应形势发展需要，牵头及时推动创立新的国际结算货币体系。

5. 坚定方向、迈稳绿色转型脚步。加强全球环境保护，向绿色低碳经济转型，是基于地球适合人类可持续生存的需要，而形成的全球共识。因此，转型的方向必须坚定不移。但转型的方式和进程应该更加稳妥，特别是当全球经济面临滞胀引发衰退的风险很高的时刻，转型给经济发展带来的成本，需要控制在可接受的范围。任何操之过急都有可能导致人们对转型本身的质疑，不利于绿色低碳经济转型长期目标的实现。

6. 加强科技研发创新应用方面的国际合作及协调。通过提升科技研发创新应用能力，提高全要素生产率，克服高通货膨胀和人口老龄化导致的劳动力短缺。量子计算、氢能开发、核能应用、新材料、生物医药等都是方向。提高管理水平，也还有很大潜力可以挖掘。

总之，面对治理经济滞胀这一复杂和棘手的宏观调控局面，唯有加强国际协调与合作，尽快恢复和继续大力推动全球化，方能使全球经济逐步摆脱滞胀，防止衰退。

全球经济金融新变局与中国选择

陈卫东　中国银行研究院院长

当前，我们正身处一个日益复杂且矛盾的世界，突出表现为世界既在不断“膨胀”，也在出现“收缩”。全球经济总量仍在扩张，但潜在经济增速在逐渐放缓，2023 年可能会有 1/3 左右的经济体陷入衰退；全球生产能力不断提升，消费品种类日益丰富，但物价水平和居民消费成本逐渐上升；全球流动性极度充裕，资产价格波动性加大，而不少居民财富在缩水。这些矛盾正是全球深层次、结构性问题的集中体现。

地缘政治冲突正在改变过去全球合作的基础。中国与美国之间的经贸合作，俄罗斯和欧洲之间的经贸合作曾经是推动全球经济发展的重要力量，然而关税、不断强化的出口管制、战争和制裁使这些经济体之间的合作关系遭受重大冲击。由此也导致全球大宗商品价格上涨，关键零部件和能源市场分割，传统地缘经济格局面临重塑。

全球产业链碎片化和逆向调整加剧了全球发展困局。产业链在全球的有序转移，推动全球经济在过去几十年快速增长，各国都受益于自身禀赋参与国际分工合作。然而，目前一些发达经济体积极推动产业链回流，有选择地发展友岸、近岸外包，使产业链运转效率下降。国际货币基金组织认为，全球经济碎片化将使产出下降 2%，一些发达经济体强行推动部分产业回归本土，将抬升企业生产成本，加剧国内通胀压力。

伴随全球经济格局与合作机制发生深刻调整，国际金融市场剧烈变化，呈现新的周期性、结构化特征。全球利率水平逐步抬升，美元欧元离岸流动性收紧，进一步加速了全球衰退临界点的来临，引发了新兴经济体面临的新风险。

美元进入新一轮超强周期，汇率超调反映全球经济复杂变局。本轮各国货币汇率波动的主导因素是美国通货膨胀大幅攀升，美联储快速、高强度加息。近期，美元指数一度突破 114 水平，创 20 年来新高，升值速度大幅超过前两轮美元升值周期。各国货币汇率变化成为反映当今全球经济复杂变局的新窗口。全球超过 85%的货币汇率承压，欧元、英镑兑美元汇率接近平值，而部分新兴经济体货币贬值幅度高达 30%～40%，纷纷陷入货币危机。此轮全球汇率波动成为“美国的货币，全球的问题”的生动注脚。

全球流动性分层分化加剧，国际金融风险传染机制深刻演变。随着美联储不断提高利率，国际资本大幅回流美国抢购中长期美国国债，2022 年 1—8 月，全球流入美国的国际资本规模超过 11000 亿美元，已经超过 2010 年以来的年度最高值。美元大规模回流美国本土，形成了离岸美元流动性的紧缩效应，这也是引发全球国际金融市场风险的一个重要原因。

美元流动性收紧的传染链条发生新变化，货币市场基金、其他投资基金、养老金等非银行金融机构成为风险传染的重要环节，金融风险燃爆点与历史规律发生显著变化。

全球债务风险触及红线，脆弱国家债务危机达到临界点。在疫情冲击下，全球债务规模高速增长。2022 年上半年，全球债务总额达 300 万亿美元，较疫情前增加 40 万亿美元，占全球 GDP 的比重为 349%，处于历史峰值。随着全球金融市场收紧，25%的新兴市场正处于或接近债务困境，2500 亿美元债务存在违约风险，占所有新兴市场外债的 20%，60%以上的低收入国家也面临债务困境，阿根廷、土耳其、黎巴嫩、巴基斯坦等 15 个国家主权债务风险急剧攀升。

面对国际形势日趋复杂严峻，中国一直在积极采取措施予以应对。党的二十大报告指出，我国将保持战略定力，着力推动高质量发展，坚持高水平对外开放，探索适合自身国情的中国式现代化之路。

中国扩大内需与深化供给侧结构性改革有机结合，将推动我国经济保持中高速增长。共同富裕、乡村振兴深入推进，中等收入群体将持续扩大，城乡差距和区域差距将进一步缩小，国内市场的持续扩大与升级将成为中国参与国际合作与竞争的重要基础。

随着国际政治经济格局剧变，我国经济发展面临的外部风险明显增多。中国坚持对外开放的方向不会改变。国际环境复杂变局提醒我们，越是开放越要重视安全，越要增强自身竞争能力、监管能力和风险防控能力。一方面，坚持做好自己的事情，增强国内大循环内生动力和可靠性，强化粮食、能源、产业链供应链等关键领域安全的能力建设，提升应对外部风险冲击的基础；另一方面，努力维护多元稳定的国际经济格局和经贸关系，推动全球治理体系的不断完善。

总之，在全球经济发展面临衰退、通胀双重困境，我国经济下行压力加大的背景下，探讨高水平开放和高质量发展，推动经济结构性转型是非常有现实意义的。

全球经济格局变化与中日韩经贸合作

欧渤芊　中日韩合作秘书处秘书长

我们今天所处的世界波谲云诡，其变化之深刻百年未有。新冠病毒不断变异，疫情持续肆虐，给世界各国人民的身体健康、生活方式、行为模式、公共卫生、社会治理等都带来深刻的影响，也对全球经济发展及产业链供应链都造成冲击。联合国经济和社会事务部估计，到 2023 年疫情将造成全球损失 8.5 万亿美元，相当于世界经济倒退 4 年。

世界范围内地缘政治环境越发恶劣，国际安全形势动荡不安，传统和非传统安全威胁不断上升。世界经济增长持续放缓，下行势头进一步加快。全球经济正在呈现“低增长”、“低就业”、“低收益”、“高风险”、“高通胀”、“高债务”的“三低三高”趋势。能源、食品和大宗商品等价格持续上涨，世界银行的报告显示，2020 年 4 月至 2022 年 4 月原油价格高涨 350%，为 20 世纪 70 年代石油危机以来最高涨幅。联合国粮农组织粮食价格指数 2022 年 4 月同比增长 29.8%，全球主要粮食产品价格大幅飙升，谷物高涨 34.3%、蔬菜油类高涨达 46.5%。联合国劳工组织称 2022 年全球青年失业率高达 14.9%。

各国为应对国内经济压力而采取的短期逆全球化措施，正在扭曲全球生产和贸易模式，使世界经济形势雪上加霜。个别大国为确保自身利益，不惜人为干扰全球产业链供应链，给全球经济造成更大冲击。麦肯锡问卷显示，供应链危机冲击了电子和高科技产业、化工与尖端材料等产业，导致全球约 71%的企业正在调整供应链和仓储格局。

美元飙升和美国通胀输出，使世界多国面临异常严峻的货币贬值和通胀压力。国际货币基金组织估计 2022 年全球通胀率高达 8.8%，全年经济增长率仅为 3.2%。作为参照，2008 年全球金融危机的全球通胀率为 8.95%，年增长率为 4.14%。

面对如此复杂严峻的国际形势，的确很多国家和地区都感觉到正处在一个十字路口，未来何去何从，需要做出正确的选择。是合作共同应对挑战，还是竭泽而渔、亡人自存？令人欣慰的是，大多数国家还是选择合作共同应对挑战。对中日韩三国来说，更是如此。三国合作不是一个可选项，而是一个必选项。越是面对重大挑战时越是如此。

中日韩三国作为国际社会的重要成员，是全球经济发展的引擎。根据秘书处的统计，2021 年三国 GDP 分列世界第二位、第三位和第十位，经济总量占全球的 25.5%；三国贸易额占全球的 21.9%，专利申请占全世界 50.7%；三国集装箱港口吞吐量占全世界的 36.9%。这些数字说明中日韩三国经济活跃、创新力强、实力雄厚。这样的三个国家之间的合作在国际上有着举足轻重的地位和影响。

回顾三国合作的历史，我们可以清楚地知道，越是面临危机和挑战，越是凸显三国合作的重要战略意义。1997 年的亚洲金融危机，正是由于中日韩三国与东盟国家携手共同应对，地区的繁荣稳定才得以维护。2008 年，当世界再一次面对更大范围内的金融危机：发端于华尔街的国际金融危机时，中日韩合作得到进一步加强，并进入机制化的阶段。三国依托中日韩合作机制，维持多层次、多领域和多渠道的对话合作，有效纾解了遗留问题给三国关系带来的压力，为维护地区和全球的和平稳定与发展繁荣做出了贡献。根据秘书处三国合作数据港的统计分析，从 1999 年三国合作正式启动，到 2022 年的 20 多年时间内，排除两次金融危机和世纪疫情等外部干扰，数据表明每当三国合作开展顺利的时候，也是三国 GDP 和贸易额增长最快的时期，同理，在三国合作遇到困难的时候，也是三国 GDP 增长和贸易额同时下行的时候，这表明三国经济增长与三国合作的正相关性明显。

经过 20 多年的发展，三国合作已成为东北亚地区和平繁荣的稳定器和推动力，是东北亚机制化程度最高、涵盖领域最广、成果最丰富、内生动力最强的地区合作安排。中日韩合作是为了应对共同危机而诞生的，并且在共同应对更大的危机过程当中得到加强。

因此，面对复杂的内外挑战，我们必须清醒认识到，维护东北亚地区的和平安全，经济繁荣和人民幸福，中日韩合作是关键。三国合作应在以下领域得到强化：一是积累政治互信，增强应对挑战的信心。三国政府应努力保持密切沟通，避免因双边关系困难而导致三边合作机制停摆。三国合作与双边关系应相辅相成，相互补充，形成良性循环。越是在双边关系遇到困难时，越不能放缓三方合作的步伐。特别是在面临重大挑战的时候，三国进一步加强合作不仅会给三国带来利益，也会给亚洲和世界带来信心。二是借 RCEP 契机，继续夯实经贸利益纽带，维护供应链稳定。三国应不断落实 RCEP 协议，持续推进贸易投资自由化和便利化，着力推动三国在数字经济、绿色经济、供应链、产业链、智能农业和先进制造业等多个领域的创新合作。目前 RCEP 的效应已开始显现，中日韩与东盟之间的贸易大幅增加，RECP 已经成为日本利用率最高的贸易安排，对日本疫后经济复苏发挥了重要作用。特别是在全球供应链重构更加注重区域性和安全性的情况下，加强三国合作维护产业链和供应链韧性更加重要。三是加强政策沟通和协调，维护金融稳定。三国应就金融和货币政策保持沟通，与东盟国家携手维护东亚地区金融稳定，确保财政长期可持续性，共同应对地区经济下行风险和负面溢出效应，确保东亚经济经受住全球经济下行风险的考验。四是恢复和扩大人文交流。通过举办更多、更丰富的面对面文化交流活动，使三国各领域人士尤其是青年人可以加深彼此间的了解和友谊，提升相互认知度和好感度，筑牢三国互信与合作的民意基础。

共同应对全球供应链挑战

金道熏　韩国产业经济与贸易研究院原院长

关于全球供应链风险的变化，特别是在新冠肺炎疫情发生后，以及在融入东亚的供应链当中面临的问题，主要表现在以下几个方面：

首先，在新冠肺炎疫情暴发后，全球产业链出现了一些断裂，发达国家和发展中国家的产业链也出现了一些问题。包括美国、欧洲、日本在内，都要持续降低成本，这就是当地企业所采取的一些策略。这样做的目的主要是希望在产业发展过程中保持竞争力，包括在研发方面也持续地投资。除此之外，我们也看到了越来越多的制造业，包括日本在向韩国和其他一些地方流动。东北亚的这些国家，都面临产业链发展的共同问题。

中国在2001年加入世界贸易组织以后，制造业能力持续增长，并且吸引着全世界高端企业和产业，现在，中国已经成为全球制造业大国。关于全球的价值链，70%的贸易与价值链相关。但是全球供应链已经开始出现波动。

第一个波动是由美国所兴起。美国错误地意识到，缺乏制造业活动是导致长期经济痼疾的主要原因，如巨额贸易逆差尤其是对华贸易逆差和铁锈地带的高失业。美国对中国发起了关税战，并将争端扩大到电信设备、半导体和互联网企业等高技术领域。

其次，新冠疫情给全球价值链带来了致命一击。武汉及其周边地区是汽车和电子等制造业核心供应链的中心，武汉市及其周边地区的封锁导致了世界各地生产设施的突然关闭和混乱。世界开始认真关注供应链问题，并将这种情况称为全球供应链危机。随后美国、欧洲和日本许多城市的封锁进一步加剧了供应链危机。

第二个波动是全球供应链的中断，是最近的两年。由于意外事件，全球供应链出现了更严重的中断。比如说全球海运链的中断，特别是亚美和亚欧线。同时，由于俄乌冲突，能源供应链也受到影响。

在新冠肺炎疫情高峰期，为救助受影响的小企业和消费者，美国、欧洲和日本等发达国家提供了前所未有的资金（号称直升机撒钱）。商业重新开放后，美国和欧洲的消费者开始对来自亚洲（包括中国）的产品表现出强烈的需求，这导致了他们主要海港（如洛杉矶长滩港）的超级堵塞。麻省理工学院教授约西·谢菲将这一现象称为“马鞭效应”，因为消费者消费量的突然增长加剧了产品物流线的中断，而在港口这一临界点，这种中断达到最大化。这使 2021 年亚美和亚欧的海运成本飙升了 10 倍；此外，由于卡车工人和仓库短缺，陆路运输也出现中断。

这种现象可以在某种程度上解释为“上瘾”，欧洲和美国的消费者对亚洲生产的产品是“上瘾”的，他们对东亚的产品具有非常严重的依赖性。

俄乌冲突对能源和食品的供应链造成了始料未及的破坏。一直严重依赖俄罗斯能源（天然气和石油）的欧洲面临着能源供应链的威胁。他们被迫努力使能源供给在地理上多样化，并寻找其他类型的能源，包括核能。世界特别是发展中国家正面临粮食短缺的威胁，因为乌克兰是全球重要的粮食出口大国。

如今，世界目睹了对由发达国家主导的全球供应链危机的不安反应。一方面，美国和欧洲似乎都在尽一切努力确保自己的供应链安全，他们努力恢复其领土内的制造能力，有时通过邀请外国（主要是亚洲）投资者进入其领土；有时与所谓志同道合的国家建立供应链联盟（如 IPEF）；又有时试图确保半导体和电池等关键行业的主要自然资源供给。所有这些举动都可以被视为违背了全球化的传统原则。

另一方面，更为严重的措施是美国似乎不断地降低其关键行业供应链对中国的依赖。美国开始对这些行业（半导体和电池）实行产业政策，例如制定配套法律和制度，并给予大量补贴。欧洲也采取了类似的举措，如邀请外国投资者和建立欧洲内部产业联盟（如电池联盟）。

现在，全球化的益处正在不断消弭，中国正在致力于抗击这些做法。它试图加强半导体和电池等战略性行业的国内供应链，努力与其他发展中国家在经贸领域形成更紧密的合作关系。双方的这些举动似乎给世界经济带来了新的紧张局势和新的危机。

世界正在努力克服供应链前所未有的严重中断，但似乎没有人能恢复过去运转良好的全球价值链。在这些危机之后，核心供应链断裂，引发了人们的一些反思：过于集中的危险和缺乏协调工业合作的体制秩序。以下三点建议可供世界应对新冠肺炎疫情对全球价值链的冲击参考。

首先，减少专业化，增加投资组合。世界上的每个国家都需要避免“把鸡蛋放在一个篮子里”，以避免其供应链受到严重冲击。除了现有的跨境供应链之外，还需要在本国或其他国家建立补充供应源。然而，这一举措不应损害 GVC 结构，因为 GVC 结构表现良好，有助于改善世界福利。国内投资组合可以在保持国际贸易体系自由和公平的同时进行。

其次，减少贸易壁垒。尽管过去各国和企业对全球价值链的不懈追求被认为是使世界经济太容易受到新冠肺炎疫情等意外冲击影响的重要原因，但世界的确受益于运转良好的全球价值链：发达国家的消费者福利增加，发展中国家的工业化机会增加。从这个意义上讲，美国对中国的贸易战应该停止，美国采取的新型贸易壁垒的举措应该逐步取消。世界应该再次努力恢复世贸组织主导的世界贸易体系。

最后，上游和下游都需要合作。在东北亚地区必须要考虑到这一点。全球供应链危机的深层原因在于，采购稀有原材料（电池用锂和钴）以及高度精密的机器和化学材料（半导体用 EUV）似乎存在不确定性。世界应努力在采购这些材料方面开展联合采购和分发的相关合作。在半导体、电池和生物技术等高技术产业的最后阶段，全球也需要努力开展合作，可以在私人层面（公司之间）或在公私伙伴关系下进行合作谈判。

名家观点综述

一、以结构转型促进经济高质量发展

谢伏瞻 中国社会科学院学部委员

继续发挥我国超大市场的规模优势、经济发展的强大韧性与巨大潜力，更加积极有效应对各种风险挑战，不断增强国内大循环内生动力和可靠性，不断推进高水平对外开放并提升国际循环质量和水平，就一定能巩固我国经济长期向好态势，为全球经济注入更多的稳定性、确定性和建设性因素，不断以中国新发展为世界提供新机遇。

迟福林 中国（海南）改革发展研究院院长

一方面，结构转型蕴藏巨大发展潜力，这是今后十年、二十年实现经济较快增长的最大底气；另一方面，我国 14 多亿人口的消费结构正在发生重要变化，并为新发展格局和高质量发展创造内在动力。未来 10~15 年，坚定推进以结构转型为主线的结构性改革，我国经济实现年均 5% 左右的增长是有条件、有可能的。同时，我国的结构转型将为全球贡献巨大的新增需求市场，并将促进形成更加稳定、多元、平衡、包容的世界经济格局。

刘　伟 中国人民大学原校长

当前，我国推进“双碳”进程面临一定压力，但仍要坚持推动能源结构转型，降低碳排放，贯彻新发展理念，推动高质量发展。

刘兴华 中科院国创会中国经济与金融研究中心主任

未来 10 年是实现高质量发展的关键 10 年，我国要努力实现经济增长达到中速以上。这就必须通过结构转型，如产业结构转型、消费结构转型等，创造新的经济增长助力点。

马丁·穆勒　中国瑞士商会会长

中国是世界第二大经济体，但目前中国整体经济结构与发达国家相比还有差距。因此，中国实现高质量发展需要进一步改善经济结构。比如，拉动消费、发展高科技、放宽外资准入条件等。

二、以结构性改革推动结构转型

彭　森　中国经济体制改革研究会会长

社会主义市场经济改革是构建新发展格局、推动高质量发展的重要动力源。下一步，中国的市场化改革和对外开放要聚焦在培育更有活力、创造力和竞争力的市场主体，建设高效规范、公平竞争的国内统一大市场，推进要素市场化配置改革、国民收入分配制度改革，实行高水平对外开放等方面。

余永定　中国社会科学院学部委员

要通过调整中央和地方的财政金融风险关系，协调好各种政策目标之间的关系，坚持改革开放，坚持实行扩张性宏观经济政策，实现稳增长的目标。

迟福林　中国（海南）改革发展研究院院长

要以结构转型为主线深化结构性改革，赢得发展主动。一方面，要以稳定经济增长为主要目标推进结构性政策调整，推动形成更具弹性的经济转型政策和社会发展政策等；另一方面，要推进与结构转型相适应的结构性改革，形成中长期经济增长的主动力。

郝福满　新加坡国立大学东亚研究所所长

中国面临经济增速下行的挑战，基于 2035 年实现经济总量翻一番的目标，中国需要加大结构性改革力度，加快推进结构性改革进程；同时，需要完善更加公平的收入分配制度，并且进一步阐明相关政策。

樊　纲　中国（深圳）综合开发研究院院长

推动结构转型需要加快创新体制改革。一是用制度保证思想解放，保证科学家集中精力搞专业、搞创新；二是用制度保障发挥民营企业的创新活力，要发挥其在市场上的积极作用；三是用制度形成以企业为核心的科技创新体制，围绕企业的技术需求整合、利用、协调各方面的科技创新能力。

艾丽西亚　欧洲布鲁盖尔研究所高级研究员

事实上改革是复杂的，对中国如此，对欧洲也是一样。根据中国共产党的二十大报告，中国需要的改革涉及方方面面，对于中国来说，继续深化改革开放是非常重要的。

张占斌　中央党校（国家行政学院）马克思主义学院院长

要把实施扩大内需战略同深化供给侧结构性改革有机结合起来。一方面，我国具备扩大内需与供给侧结构性改革相结合的基础优势，包括拥有坚实经济基础、超大规模市场、丰富人力资源、强劲发展韧性等；另一方面，推动两者结合的着力点在于，需要增强国内大循环内生动力和可靠性，提升国际循环质量和水平，建设现代化经济体系，提高全要素生产率，提升产业链供应链韧性和安全水平。

大卫·布莱尔　全球化智库副主任

中国过去 40 多年的成就得益于不断推进和相互协调的改革开放进程，在发展环境方面得到极大改善。未来，中国仍要继续坚持市场化导向的改革。

刘尚希　中国财政科学研究院院长

要以结构性改革提升结构效率。当前改革需要推进社会改革，重点抓好结构性改革，推进国家治理现代化，才能有效释放增长潜力，提升全要素生产率。

常修泽 中国宏观经济研究院教授

坚持改革开放是中国的强国之路。其中需要加快要素型改革。一是推进人本要素市场的改革攻坚，要加快劳动力市场改革、技术市场改革、管理要素市场改革；二是推进物本要素市场的改革攻坚，包括土地市场、资本市场改革；三是推进人与物双重要素市场的改革攻坚，集中在数据市场改革。

三、营造市场化、法治化、国际化一流营商环境

张军扩 国务院发展研究中心原副主任

要推进优化营商环境走深走实，一是进一步巩固和提升营商环境的市场化、法治化和国际化水平；二是进一步优化企业发展的政策环境，降低政策风险；三是改善宏观环境。

海　博 OECD 驻华代表

中国有必要继续实行公平竞争的审议机制，有必要推进竞争中性原则，创造公平竞争的发展环境，激励民营企业和外商更好参与竞争。

马　骏 国务院发展研究中心学术委员会副秘书长

促进高质量发展，重在优化营商环境。为此，要着力打造市场化、法治化、国际化的营商环境。新阶段、新需求下，各地营商环境优化都取得了巨大进步，但地区差异依然较大；便利化改革成绩巨大，但法治化、国际化营商环境需求更加迫切；一般性营商活动的制度不断完善，但包容创新活动的制度环境需要加强。

高岛龙佑 日本贸易振兴机构北京代表处首席代表

目前，日本企业希望中国能够更加便利化境内境外人员的往来。在整体发展环境上，要进一步促进公平竞争与对外开放，确保行政规章执行及程序的规范。

哈里·赛亚丁　华南美国商会会长

中国是大多数美国企业认为的再投资头号目的地，未来，中国仍应继续实行更高标准、更高水平的对外开放，在政策优惠、投资环境方面要进一步兼顾不同类型的企业。

叶光亮　海南大学副校长

反垄断与竞争政策是深化结构性改革可行的工具。一是反垄断与竞争政策通过促进经济创新来推动产业结构的调整；二是反垄断与竞争政策通过约束市场主体和规制行政权力来推动区域与要素投入结构优化；三是反垄断与竞争政策通过防止商品市场索取高价、要素市场给付低价来优化收入分配结构，促进经济增长。

第二篇

高水平开放的中国与世界

坚持深化改革开放　创造我国经济发展新动力

刘兴华　中国科学院国创会中国经济与金融研究中心主任

一、新冠肺炎疫情对各国经济增长形成重大考验

新冠肺炎疫情发生前，对我国2020—2030年的潜在增长率，国内各方面专家的计算方法和结论各有差异，但是大多数研究结果认为我国的潜在增长率为5.5%~6.5%。然而，潜在增长率并不会自动成为实际增长率。关键在促进经济增长的行动方略和具体路线图，充分调动各方面积极因素，努力消除各种不利因素，及时防范和化解若干影响经济增长的不确定因素。

在疫情严重影响下，2020年在全球大国中只有中国实现了2.3%的正增长，与其他国家横向比较，成绩的确来之不易；但是纵向比较来看，这是中国实行改革开放以来增速最低的一年（1989年和1990年分别为4.1%和3.8%）。2021年中国经济增速8.1%，这是2020年基数较低基础上的高增长。而到了2022年前三季度，增速只有3%。现在看来，疫情这三年，年均增速可能只有4.5%。

从全球经济来说，实现疫后经济复苏和包容、平衡、稳定增长至关重要。对于各国来说，特别是排名靠前的大的经济体，现在比拼的就是疫后的经济恢复能力。

我们要努力尽快回到疫情前的经济增长状态。未来3年内，中国

GDP 增速要争取尽快回到 5.5%~6%的区间上来，这样才能为 2035 年基本实现社会主义现代化打下一个比较好的基础。

二、未来 10 年要努力实现我国经济保持中速平稳增长

再往前看，未来 10 年，是中国经济在保持合理增速的基础上实现高质量发展最为关键的 10 年，也是外部环境更加复杂的 10 年，所遇到的困难和挑战将会更多。未来 10 年，我们要千方百计防止大起大落，努力消除内部的经济金融风险隐患，还要想办法成功度过即将来临的一场全球经济金融危机。

历史经验表明，世界上许多赶超型国家，其经济发展过程中平均增速下行往往是骤然发生的，而并不是逐渐发生的。这些国家在连年高速增长中遇到一场或内或外，或者内外交织的危机，经济突然减速，显著下滑到一个较低增长区间，而且再也无法回到高增长甚至中速增长状态。典型的国家，比如日本、韩国、巴西、墨西哥都是这样。早在 2014 年，国际上就有学者总结全球 28 个经济体年均增速达到 6%以上的高速增长期案例，发现经济高速增长期结束之后只有 2 个国家转向了更高速增长，3 个转向了负增长，10 个转向了 0~3%的增长，中位数仅为 2.1%。

的确，GDP 统计指标虽然不能完全代表一个国家的经济实力，但是目前为止，它作为衡量一个国家经济产出能力和综合实力的重要指标，还没有别的指标体系能够取代。因此我们还要有一定的增速，努力避免新冠肺炎疫情导致经济突然减速后，GDP 平均增长中枢彻底进入更低区间。

三、我国经济发展需要创造新的动力源

当然，我们也要看到，未来 10 年我国经济实现 5.5%左右的平均增速还是有许多有利条件的，比如在新一轮科技革命和产业变革背景下，我国产业结构转型升级潜力巨大，劳动力质量与人力资本提升，超大规模市场优势，消费升级趋势已经显现，拥有完整的产业链优势，城镇化

仍然存在较大空间等。随着老龄化社会来临、劳动年龄人口数量下降、碳减排目标约束、资本积累速度有所降低、全要素生产率提升缓慢、关键核心技术“卡脖子”亟待突破等问题，也对中国经济增长形成困扰因素，还有外部环境和地缘政治更加复杂多变，各种不确定因素还在积累。

40 多年改革开放，中国奋力追赶世界，经济增长成就令人瞩目，但是也形成了一定的路径依赖。一个真正的大国，要能够产生引领世界的思想和制度，具备推动科学技术创新的能力，能够实现管理模式和商业模式的创新，在世界上有影响力和话语权。中国式现代化，就是要在改革开放以来发展的基础上，努力摆脱路径依赖，发挥积极因素的作用，消除消极因素的影响，防范和化解国内外各种不确定因素的侵扰。而所有这一切，都需要找到新的经济增长动力源。

四、深化改革开放是创造经济发展新动力的必由之路

深入推进改革创新，坚定不移扩大开放，着力破解深层次体制机制障碍，才能激发中国增长新活力，创造中国经济发展新动力。

1. 通过深化改革开放，构建高水平社会主义市场经济体制。这个高水平社会主义市场经济体制，是有效市场和有为政府的高度匹配，是全国统一而不是分隔的，是充满生机活力的大市场、是高标准市场体系，是市场化、法治化、国际化的一流营商环境，是敏捷健全的宏观经济治理体系，是功能完善的资本市场，是国有企业核心竞争力的有效提升，是民营企业宽松规范的发展环境。

2. 通过深化改革开放，构建完善高效的科技创新体系。创新在中国式现代化建设全局中居于核心地位。真正实现创新，需要有支持创新的制度。空喊创新，不会有任何作用。这就需要深化科技体制改革，深化科技评价改革，调动各方面积极性，加大多元化科技投入，同时加强知识产权法治保障，形成支持全面创新的基础制度。关起门来也实现不了创新。因此要扩大国际科技交流合作，加强国际化科研环境建设，形成具有全球竞争力的开放创新生态。

3. 通过深化改革开放，建设现代化产业体系。中国作为一个人口大国和发展中大国，还是要坚持把发展经济的着力点放在实体经济上。在这个前提下推进新型工业化和中国式现代化。因此，中国的现代产业体系是制造业高端化、智能化、绿色化的工业体系，是集成集群发展的战略性新兴产业体系，是优质高效的现代服务业同先进制造业、现代农业深度融合的体系，是促进数字经济和实体经济深度融合的数字产业体系，是现代化基础设施体系。

4. 通过深化改革开放，形成制度型开放新格局。这个制度型开放是规则、规制、管理、标准的全面有序开放，是国内国际双循环相互促进的开放，是国内国际两个市场两种资源相互联动的开放，是推动货物贸易优化升级，数字贸易、服务贸易创新发展的开放，是合理缩减外资准入负面清单、依法保护外商投资权益的开放，是扩大面向全球的高标准自由贸易区网络的开放，是主动维护多元稳定的国际经济格局和经贸关系的开放。

5. 通过深化改革开放，建立集聚人才的体制机制。实现中国式现代化，关键在用人机制。要打破体制壁垒，扫除身份障碍，尊重劳动、尊重知识、尊重人才、尊重创造，让人人都有成长成才、脱颖而出的通道，让各类人才都有施展才华的广阔天地。因此要从国家和民族长远发展大计，深化人才发展体制机制改革，实施更加积极、更加开放、更加有效的人才政策，让整个国家做到真心爱才、悉心育才、倾心引才、精心用才、人尽其才。

高水平对外开放趋势与金融业的角色

王家强　中国银行研究院资深研究员

党的二十大报告明确提出，要推进高水平对外开放。这是我国经济建设工作中加快构建新发展格局、着力推动高质量发展的重要一环，为中国在全球经济中的定位指明了方向，为深陷“逆全球化”迷雾的世界注入“强心剂”。金融业是国民经济中的重要行业，金融是实体经济的血脉，深刻而广泛地嵌入国民经济的每一个细胞。金融业的对外开放，要坚守服务实体经济为使命，融入实体经济对外开放进程，实现两者的良性循环，促进我国对外开放高质量发展。

本文基于我国高水平对外开放的现状及趋势，就金融业在其中扮演的角色及发展走向进行分析，提出通过金融供给侧改革、稳步推进金融对外开放的相关建议，以更好地服务于实体经济的高水平对外开放。

一、中国高水平对外开放的现状与趋势

关于高水平对外开放的核心要义，党的二十大报告中提出，提升贸易投资合作的质量和水平，稳步扩大制度型开放。这是在传承过去 10 年对外开放理论创新和实践经验的基础上，对未来做出的重大判断与政策选择。

党的十八大以来，中国确立了“开放”新发展理念，创新方式、优化布局、提升质量，推动形成陆海内外联动、东西双向互济的开放格局，开放发展取得了巨大的成就。总体上，开放发展提升和巩固了中国作为世界第二大经济体、第一工业大国、第一贸易大国、全球金融大国和双

向投资大国的地位，持续成为世界经济增长的最大贡献者、完善全球治理体系的重要推动者。到2021年，中国GDP规模达17.7万亿美元，占全球比重提高到18.3%；制造业增加值4.9万亿美元，是排在后面4个制造业大国的总和；货物与服务贸易总额6.9万亿美元，超出美国15%；利用外资增至1735亿美元，连续5年居全球第二位；银行业资产41.6万亿美元，高居世界首位；股票、债券、保险市场规模均居世界第二位；人民币加入SDR并跃升为第三大篮子货币、第五大储备货币，外汇储备连续17年稳居世界第一位。

过去10年中国经济对外开放主要成就世界比较

比较指标	年度	世界排名				
		1	2	3	4	5
经济总量（万亿美元）	2012	美国16.3	中国8.5	日本6.3	德国3.5	英国2.7
	2021	美国23.0	中国17.7	日本4.9	德国4.3	英国3.2
贸易总额（万亿美元）	2012	美国4.9	中国4.3	德国3.1	日本2.0	法国1.6
	2021	中国6.9	美国6.0	德国3.8	荷兰2.1	日本1.9
制造业增加值（万亿美元）	2012	中国2.7	美国1.9	日本1.2	德国0.7	韩国0.4
	2021	中国4.9	美国2.6	日本1.0	德国0.8	韩国0.5
对外投资（万亿美元）	2012	美国0.32	日本0.12	中国0.09	中国香港0.08	塞浦路斯0.07
	2021	美国0.40	德国0.15	日本0.15	中国0.15	英国0.11
银行业资产（万亿美元）	2012	美国18.7	中国18.2	英国17.4	日本15.7	德国10.5
	2021	中国41.6	美国27.7	日本21.3	英国17.2	法国12.9
外汇储备（万亿美元）	2012	中国3.3	日本1.2	俄罗斯0.5	巴西0.4	韩国0.3
	2021	中国3.3	日本1.3	印度0.6	俄罗斯0.5	韩国0.4
全球储备货币（万亿美元）	2012	美元3.7	欧元1.5	日元0.2	英镑0.2	澳元0.1
	2021	美元7.1	欧元2.5	日元0.7	英镑0.6	人民币0.3
国际货币支付份额（%）	2012	欧元39.8	美元33.3	英镑8.7	日元2.5	澳元2.1
	2021	美元40.5	欧元36.7	英镑5.9	人民币2.7	日元2.6

资料来源：IMF、UNCTAD、WB、FSB、SWIFT，Wind。

从具体的创新性开放举措来看：一是推动共建“一带一路”。截至2021年，中国已同170多个国家和国际组织，签署了200余份共建合作文件；二是推进自贸区自贸港建设。自2013年以来累计设立21个自贸试验区和海南自贸港，向全国推广复制270多项制度创新成果；三是举办国际贸易展会。分别在上海和北京举办国际进口博览会和国际服务贸易交易会，搭建开放合作平台；四是参与自由贸易网络。到2021年已与26个经济体达成19个自贸协定，特别是《区域全面经济伙伴关系协定》（RCEP）生效，成为全球规模最大的自贸区；五是推进人民币国际化和金融业开放，人民币加入SDR，取消了一系列金融限制措施；六是积极参与全球经济治理。积极参与世贸组织改革，参与联合国、二十国集团、亚太经合组织、金砖国家、上合组织等多边及区域机制，提出中国倡议、中国方案，坚定维护多边主义。

同时，我们也要清醒地看到，中国对外开放整体上属于规模总量上升的优势，在质效上仍有很大的提升空间。一般而言，一个国家对外开放程度，与经济发展水平、治理能力、政策取向等有密切联系。中国对外开放在过去几十年间快速提升，但到2020年“开放指数”在世界的排名仍只处于第39位，无论是与新加坡、瑞士等小型开放经济体，还是与美国、德国、英国等大型经济体相比，开放的潜力仍然巨大。随着中国向高收入国家迈进，宏观政策体系日益成熟、治理与监管能力不断夯实，企业竞争力持续提升，对外开放必将深化推进。具体而言，中国的高水平对外开放有三大趋势：

一是更宽领域的对外开放。在贸易领域，中国货物贸易仍然处于全球价值链的中低端，服务贸易开放相对滞后；在直接投资领域，负面清单尚未完全消除，某些行业还存在准入限制；在金融领域，人民币尚未完全实现可自由兑换，资本项目存在少数管理措施。党的二十大报告提出，要推动货物贸易优化升级，创新服务贸易发展机制，发展数字贸易，加快建设贸易强国；要合理缩减外资准入负面清单，依法保护外商投资权益，营造市场化、法治化、国际化的一流营商环境；要有序推进人民币国际化。

二是更广范围的对外开放。世界各国发展很不均衡，特别是在亚非拉地区、共建“一带一路”地区，众多发展中国家的开放需要安全可靠的合作伙伴去参与推进；在中国内部，区域发展很不均衡，特别是东北地区、西部地区的开放受到诸多不利条件的制约。这必然要求中国的对外开放进一步开拓创新，在区域上进一步打开空间。党的二十大报告提出，要推动共建“一带一路”高质量发展，提高中西部和东北地区开放水平，加快建设西部陆海新通道和海南自由贸易港；实施自由贸易试验区提升战略，扩大面向全球的高标准自由贸易区网络。

三是更深层次的对外开放。当前，国际经贸谈判进一步从“边境上”向“边境后”议题延伸，要求在知识产权、公平竞争、环境保护、劳动问题、消费者保护等方面加大开放力度，实现更高层次的开放；网络安全、数字主权、数据流动等新议题、新规则之争更趋激烈。中国需要在这些领域取得新突破，缩小与世界先进水平的差异，稳步扩大规则、规制、管理、标准等制度型开放；深度参与全球产业分工和合作，维护多元稳定的国际经济格局和经贸关系。

二、金融业在高水平对外开放中的角色与功能

金融业是一个特殊的行业，服务于国民经济的所有其他行业，其经营聚焦于资金的融通及管理实体经济运行中的相关风险。因此，金融的对外开放关系到整个国民经济的安全与稳定。

从现状看，在过去10年中，中国金融业对外开放的政策和成效都取得了重大进展。一是人民币国际化持续推进，并通过汇率形成机制改革和资本项目可兑换进程，协同配合金融业的对外开放。到2021年末，累计有25个国家和地区受权建立27家人民币清算行，40个国家和地区与中国人民银行签署双边本币互换协议。2022年5月，人民币在SDR篮子货币中的权重被提升到12.28%，居于第三大篮子货币；6月，人民币在全球储备货币中的比重提升到2.88%，居于第五大储备货币；9月，人民币在全球跨境支付中的比重达到2.44%，居于第五大国际支付货币。

二是金融机构对外资的准入大幅放宽，彻底取消了银行、证券、保险、基金管理、期货等领域的外资持股比例限制，扩大外资金融机构的业务范围，降低资产规模、经营年限、股东资质等方面限制；企业征信、信用评级、支付清算等领域给予外资国民待遇。到2021年末，已有51个国家和地区的银行在内地设立了机构，外资银行营业性机构达到929家，资产总额3.8万亿元，占银行业总资产的1.1%。三是金融机构“走出去”成效显著。监管部门鼓励金融机构结合自身优势，积极有序“走出去”，特别是在“一带一路”沿线、主要国际金融中心等地域合理布局，服务于中国对外开放的大局。到2021年末，中国金融部门对外直接投资头寸达3722亿美元；中国银行业在海外近70个国家和地区设立了分支机构，境外资产总额超过16万亿元。四是金融市场双向开放力度加大。全面取消合格境外机构投资者（QFII和RQFII）的投资额度限制，放宽境外机构投资者本外币汇出比例限制，开通沪港通、深港通、沪伦通、债券“南向通”和粤港澳大湾区“跨境理财通”等跨境资金流动安排。截至2022年6月末，境外投资者持有境内股票、债券、存款和贷款四类资产规模已达10万亿元；境内投资者对外股票、债券、存款和贷款四类投资规模达2.5万亿美元。

总体上看，中国金融业的对外开放已经取得巨大进展，外资准入负面清单基本清零，外资持股中资金融机构和相关配套服务业的比例完全放开，中国金融机构“走出去”的成效较为突出，金融市场内外联通的渠道越来越多、规模越来越大；同时对外开放进程中严守风险底线，积极化解各类金融风险，并未发生可能触发系统性金融风险的重大事件。金融业在高水平对外开放中主要发挥了三大核心职能：一是支付清算服务。通过遍布全球的金融机构网络，为中国与世界各国的贸易投资往来提供跨境汇款、结算、清算等基础的交易服务，支持了中国对外经贸往来的高质量发展。二是投融资服务。通过提供资信担保、贸易融资、银团贷款、项目贷款、跨境资金池、投资理财等服务，满足企业和居民开展跨境投融资活动中的金融需求。三是风险管理服务。通过为跨国企业提供外汇与大宗商品交易、各类衍生金融工具、财务咨询、合规咨询、保险等服务，有效化解企业投融资活动的信用风险、市场风险和操作风险。

金融的初心和本质是服务实体经济。在未来中国高水平对外开放进程中，要适应实体经济发展和政策能力提升的需要，找到更合意开放度的“黄金比例点”。在此过程中，要高度把握开放的本质是促进实体经济的开放发展、提升中国参与国际经济金融治理的能力，同时守住开放带来的风险底线。因此，要始终强调“房住不炒”的定位，防范房地产金融化的风险；强调“风险中性”原则，杜绝资本的无序扩张、投机炒作，避免金融资源在体系内空转；重点引入外部中长期资本，防范短期资本无序流动。中国金融业的对外开放，要始终嵌入实体经济的对外开放进程之中，促进对外开放的高质量发展。未来 10 年，中国金融对外开放政策取向将包括：一是持续有序推进人民币国际化，在政策工具成熟、监管能力提升、风险可控的前提下，稳步推动人民币可自由兑换进程；在数字经济、数字贸易发展和数字货币运用的新时代背景下，还要特别推进数字人民币跨境使用与国际合作，不断提升人民币在国际储备货币体系中的地位。二是在制度型开放的大方向下，以更大的力度推进银行保险业对外开放，包括落实好外资金融机构进入中国市场的准入前国民待遇与负面清单制度，减少数量型准入限制，提升外资金融机构在银行保险业中的经营占比；高质量实施 RCEP 和服务共建“一带一路”，推动在自贸协定区域内的金融机构“引进来”和“走出去”工作；贯彻好“绿色、创新、协调、共享”等新发展理念在开放条件下的实施，引导金融机构跨境活动更多投向支持绿色金融、转型金融、科技金融、普惠金融等领域。三是更大力度、更高质量做好金融市场的双向开放。适应扩大直接融资比例的需要，以及中国财富管理市场成长、多元化融资需求的金融市场更成熟发展需要，引入更多的外资投资境内证券市场和在境内股票与债券市场融资，不断扩大沪港通、沪伦通、债券通等跨境资金流动的安排规模，提升市场交易的活跃度；丰富外汇市场的交易对手、创新外汇市场工具，进一步提升人民币在全球外汇交易市场的活跃度。

三、金融业开展金融供给侧改革助推高水平对外开放

基于前述，未来全球和中国金融业要参与中国的高水平对外开放，必须将服务实体经济作为其根本遵循，将遵循国家对外开放大政方针、严守监管要求、开展合规经营作为开放发展中的底线。在此前提下，金融业对外双向开放将迎来巨大的发展机遇，金融业要大力推进金融供给侧结构性改革，提升对高水平对外开放、制度型开放的金融支持能力，进一步促进我国对外开放的高质量发展。在此过程中，有许多领域需要强化发展能力、增强发展本领，金融机构特别要高度重视和夯实以下三大方面的开放发展基础。

首先是优化全球化发展布局。在中国境内，金融机构要进一步加大对各自贸区自贸港、进出口展会的支持力度，重点布局大湾区、长三角、京津冀、长江经济带、东北地区、中西部等区域一体化平台，提升“境内业务境外做、境外业务境内做”的内外联动水平。在中国境外，要围绕共建“一带一路”、中欧合作、区域全面经济伙伴关系协定（RCEP）、全面与进步跨太平洋伙伴关系协定（CPTPP）、金砖国家、上合组织等区域合作机制和自由贸易网络，加快优化全球网点布局、数字化转型和基层能力建设，提升对“引进来”外资企业、“走出去”中资企业，以及面向中国市场的东道国客户的服务触达水平。

其次是提升多元化金融服务质量。在贸易金融领域，中国对外贸易将向绿色、创新、数字化、高附加值的产业升级，服务贸易加快发展，数字贸易成为新动能。金融业要顺应这一趋势，大力提升支付、结算、交易银行等产品创新能力和数字化水平，更好地适应贸易结构的转型升级，助力对外贸易高质量发展。在投融资服务领域，中国以缩减外资准入负面清单、打造一流营商环境为核心抓手，持续增强对外资的吸引力；在超大规模的国内市场驱动之下，未来对外投资和引入外资都将保持良好增长，这将带来巨大的跨境银团贷款、项目贷款、财务顾问、证券承

销等综合化投融资需求。金融业还应大力发展供应链金融，助力核心大企业在全球产业链供应链变局中提升韧性，推动更多“专精特新”中小企业强化核心产品、核心市场竞争力。在风险管理领域，要进一步提升外汇市场交易能力和产品创新能力，增强大宗商品市场的交易能力，丰富各类远期、期货、期权、掉期、保险等产品的创新和设计水平，为客户管理信用风险、市场风险提供可靠的选择；进一步增强对世界各地政治、经济、地缘和自然灾害风险的研判水平，有效帮助客户规避相关风险。特别地，关于人民币国际化，党的二十大报告提法从“十四五”规划中的“稳慎推进”转为“有序推进”，既表达出对人民币国际化的信心，也指明了循序渐进、因地制宜、适当加快的发展路径。未来，围绕中国与主要贸易伙伴的双边本币结算、人民币融资、交易和风险管理等金融需求都会不断增大。金融业要持续支持人民币国际化有序发展，在各人民币离岸中心、在中国的主要经贸伙伴中加大布局，推进产品服务创新，提供数字化、综合化人民币金融服务。

最后是强化高水平金融规则联通能力。适应中国制度型开放的需要，金融业要进一步强化理论研究与实践创新，以中国超大规模的国内大循环和国内国外双循环为支撑，以中国在全球日益强大的金融服务需求为依托，推动贸易、投资与金融实践中行之有效的规则、规制和标准的双向输出，在新一轮全球化中增强制度联通，为中国与世界各国经贸合作、互利共赢保驾护航。特别要围绕环境保护、劳动问题、消费者保护、网络安全、数字贸易、数据流动等领域，强化规则、标准的制定能力；要强化在更加开放、更高水平全球化下提供金融服务的风险防控能力，深入研究全球货币政策调整、疫情持续演化、数字金融发展、气候风险和地缘政治冲突背景下，丰富应对新型风险的工具手段，牢牢守住防范化解系统性金融风险的底线，推动中国与世界经济在全球化新格局中行稳致远。

中国改革开放将给世界带来红利

海　博　OECD 驻华代表

当前，全球经济增长还很脆弱，俄乌冲突给仍处于前疫情恢复期的全球经济增加了不稳定性和不确定性。这场冲突的影响远远超出了乌克兰和欧洲，并导致了全球经济增长放缓，通货膨胀持续加重，加剧了对受疫情严重冲击的供应链的破坏，推高了能源和食品价格，造成普遍的通货膨胀压力，降低了购买力以及家庭和投资者的信心。2022 年全球经济增长预计 3%，2023 年将进一步放缓至 2. 2%。新兴经济体和普通家庭受到这种低迷经济的影响更深，经常账户使宏观经济和金融稳定面临风险，食品和能源价格飙升对不富裕阶层的打击更大。与此同时，气候危机也越来越严重，前所未有的热浪和干旱已经对制造业、发电和供应链造成了干扰。所以，我们需要采取急救措施来应对粮食危机，在能源和气候变化方面发挥领导力，确保全球市场的良好运行和竞争环境的公平。在疫情冲击和房地产市场疲软的情况下，2022 年中国经济增长也会放缓，希望政策支持能够推动 2023 年经济增长的复苏。除此之外，中国深化改革和开放对全球增长至关重要，尽管中国在赶超先进经济体过程中面临阻力，但改革仍然可以带来红利，通过采取改革开放的相关措施，可以保持中国生产力持续增长。

一、改善营商环境与吸引外商直接投资

改革开放以来，外商直接投资在推动中国经济发展方面发挥了重要作用，中国以其广阔的市场、高经济增长和良好的基础设施建设成为吸

引外商直接投资的主要目的地。但其相对于GDP而言，外商直接投资的累计存量仅占20%。经合组织（CCEP）平均值为45%，这意味着中国还有很大的空间和机会来吸引更多的外商直接投资。OECD的外资限制指数显示，外资自由化程度提高10%，可使双边外资存量平均增长2.1%。过去10年，中国进一步打开国门，放宽了对外国公司的准入限制。中国已经采取措施促进外商投资。2020年1月起施行《外商投资法》，2021年2月海南自由贸易港也推出新的外资准入负面清单。中国营商环境得到了很大改善，减少了对外商投资的限制，进一步开放中国市场，使中国能够更好地从外商投资实体中获益。

加强产品市场竞争的改革可以显著提高生产力。OCED产品市场规制指数（PMR）衡量了从许可和公共采购到国有企业治理、价格控制、新法规和现有法规评估以及对外贸易等广泛关键政策领域对企业进入和竞争的监管障碍，我们从中可以获得关于中国深化改革的进一步考虑。

中国减轻了企业注册的负担，简化了成立市场主体的步骤，一些措施可以在线上进行，“一站式”服务在全国范围内实施。但仍有必要进一步为国有企业和私营企业创造更加公平的竞争环境，从而提高效率。电力、天然气等一些行业近期在加快开放，部分领域竞争日益激烈，外国公司的进入和开展商业行为更加便利。

二、服务贸易与促进经济增长

全球范围内，服务业创造了超过三分之二的GDP，吸引了超过四分之三的外商直接投资，并且带来很好的就业推进；从价值链看，服务贸易已经深深嵌入当今全球货物贸易中。OECD贸易增加值（TiVA）数据库显示，服务贸易占出口总额50%以上，占制成品出口附加值的30%以上；中国出口总额中的服务占比从2008年的34.3%上升到2018年的37.8%，占制造业的出口附加值接近30%，2021年中国出口服务价值近4000亿美元。

服务业的持续增长对中国应对房地产、基础设施和制造业投资下降，以及近期消费放缓等挑战十分重要。中国在服务贸易自由化和改革方面已经采取重要措施。OECD 服务贸易限制指数（STRI）显示，中国近年来的改革表现非常出色，特别是 2020 年进一步开放外资准入，放松外资控股权限制，放宽外资企业的注册资本条件，这将成为创新和充满活力经济的一个关键因素。

OECD 一直强调全球经济受益于降低服务贸易限制、促进监管的可操作性和提高竞争力。技术的创新和实施有赖于对知识的获取，以及对在全世界传播的知识网络、人员、货物和服务的获取。中国将受益于更加开放的服务贸易市场，受益于包括电信、快递服务和专业服务等关键服务部门的改革。

三、应对环境和气候变化的共同挑战

我们有责任立即采取行动，以应对环境和气候变化对经济和社会造成的破坏性影响。根据 COP26 关于气候和 COP15 关于生物多样性的承诺，我们还需要做更多的工作来推动转型变革。

中国已作出了重要承诺——2030 年前实现碳达峰、2060 年前实现碳中和。我们很欣慰看到相关实施框架的推出，并支持引入有助于实现脱碳目标的基于市场的工具。

可持续发展是一项持续性的工程，没有任何一个国家可以单独实现这一目标，因此我们必须加大国际合作力度，包括多边行动。我们需要制定非常清晰的政策框架，结合价格信号和财政工具来实现这一目标。

OECD 也发出相关倡议，希望各方能够以平等的方式参与这种合作。我们希望与中国开展更加密切的合作，中国在推动降低可再生能源成本、提高能源效率、推动可再生能源商业化方面，可以提供很多独特经验。

总而言之，中国继续坚持改革开放，对其自身和世界都非常有益。我们期待继续就这方面议题进行对话和合作。

共同构建中国—东盟职业教育“双循环”新发展格局

倪慧芳　中国教育国际交流协会副会长

习近平总书记强调，“要坚持高水平对外开放，加快构建以国内大循环为主体、国内国际双循环相互促进的新发展格局，推动共建‘一带一路’高质量发展；要推动构建新型国际关系，致力于扩大同各国利益的汇合点”。其中，中国东盟合作是“一带一路”的重要方向。

2022 年是中国—东盟建立全面战略合作伙伴关系的开局之年，中国连续 12 年保持东盟第一大贸易伙伴的地位。2022 年 1—9 月中国与东盟贸易达到 7181.1 亿美元，同比增长 13.8%；按此增速很快会达到 1 万亿美元。这彰显了双方贸易合作的活力和韧性。云南与东盟守望相邻，以建设面向南亚东南亚辐射中心为抓手，不断拓展对外开放的深度和广度。云南—东盟进出口额，2021 年达 192 亿美元，2022 年 1—8 月达 131 亿美元，占云南进出口总额 39.5%。

加强中国—东盟自由贸易区、中国—中南半岛经济走廊、澜沧江—湄公河合作，推动“一带一路”倡议走深走实、新型区域战略伙伴关系构建、培育全球发展新动能，符合各方利益。“教育先行”，引进和输出并举，已经成为中国职业教育融入和服务“双循环”新发展格局。云南和海南作为中国南向开放的最前沿，加强“两南”合作，无疑将为中国—东盟的合作发展注入新的生机和活力。

一、过去10年，中国—东盟职业教育合作成绩显著

10年来，中国—东盟合作坚持以政治安全、经贸往来、人文交流三大支柱为主线，多领域合作为支撑的“3+X合作框架”。2021年，中国—东盟互派留学生达到10万人规模。各类职业学校或教育机构与东盟各国开展职业教育合作，已成为中国为联合国全球减贫计划作出贡献的重要举措和中国“一带一路”倡议的组成部分。

1. 教育辐射中心建设初见成效。云南已成为来华留学目的地之一。2012年至今，云南省高校共招收外国留学生12.9万人，其中83%来自南亚东南亚国家，学历生占60%。

2. 民心相通基础更加夯实。全省36所高校开设69个南亚东南亚语言专业点，云南民族大学开齐了南亚东南亚14个国家的15种语言，积极开展“语言+专业”的应用型人才培养。

3. “走出去”办学行稳致远。总共设立12个境外办学机构和3个境外办学项目；“云南交职院泰国邦帕空分校、泰国班赛分校”“老挝铁道职业技术学院”等项目落地。在服务云南200多家“走出去”企业的同时，也助推了当地的教育水平提升。

4. 东盟合作特色鲜明。云南大学等4家单位获外交部和教育部“中国—东盟教育培训中心”授权，昆明冶专等4所高职院校项目入选“中国—东盟双百职校强强合作旗舰计划”。云南高校与东盟高校，聚焦高铁、数字经济、航空航海、农业技术等特色专业，开展了来华留学、境外办学、师资培训、联合培养等合作。

5. 澜湄职教积极作为。经外交部批准，云南民大发起成立了“澜湄职业教育联盟”。澜湄职业教育基地在云南挂牌，编写了澜湄国际职业教育培训丛书。澜湄合作的5年，累计有3万余名湄公河五国学生享受中国政府奖学金在华学习，澜湄职教联盟为湄公河五国培养了4万余名专业技术人才。

二、应对变局，中国—东盟国际职业教育大有可为

1. 加快构建中国“双循环”新发展格局的需要。党的二十大强调坚持高水平对外开放，加快构建新发展格局。随着经济高质量发展与第四次产业变革相互交错，需要建立适应“双循环”发展新格局的人力资本结构、人力资源配置方式，提升人力资本的国际竞争力。

2. 深化中国—东盟合作、促进双向开放的需要。中国—东盟合作是“双循环”新发展格局下的先行者和“样板田”，畅通国内国际双循环，必将给中国—东盟合作带来新机遇。东盟拥有6.5亿人口，35岁以下人口超过3.8亿，人口红利、中产阶级的崛起使东盟更具发展潜力。但技术技能人才短缺仍然是最大的发展“瓶颈”。大力发展职业教育、提升劳动者素质，加强中国—东盟职教合作是大势所趋。

3. 构建国际职业教育体系、推动国际化发展的需要。一是在内部通过提升教育质量，逐步使办学进入良性的“内循环”，育人质量稳步提升，“进口”“出口”渠道持续畅通；二是通过参与全球人力资源配置和人才国际竞争，加快构建具有全球竞争力的职业技能人才制度体系，为我国现代化经济体系建设和“一带一路”沿线国家提供更高质量的人力资源保障服务，形成双赢（多赢）发展的“外循环”。

三、面向未来，努力构建中国—东盟国际职业教育新格局

在中国—东盟建立对话关系30周年纪念峰会上，习近平总书记正式宣布建立中国东盟全面战略伙伴关系，提出中国和东盟的未来属于青年，中方愿同东盟加强职业教育、学历互认等合作。

1. 加强中国—东盟职业教育国内合作网络建设，夯实发展基础。一是积极推行“中文+技能”项目，突出“教、训、科、产”创新融合发展，利用现代技术加快人才培养模式改革，加大绿色技术和数字化赋能推广力度，培养更多适应经济社会发展需求的高素质人才；二是积极推动两省高职院校与东盟国家的优质高校合作，实施境外职

教产教融合示范项目，开展“语言+专业”的定向学生培养和工程领域教育互联互通共同体建设与实践；三是促进国际职业教育改革发展、打造对话和信息平台、推动职业教育合作走深走实，应对教育领域挑战、助推各国经济转型和产业升级，为共创全球发展新时代作出积极贡献。

2. 构建共商共建共享的澜湄职业教育共同体，扩大对外合作“朋友圈”。按照“1+6+6+6+N”的办学体制，加快构建共商共建共享的澜湄职业教育新模式、新载体，推动其成为澜湄职业教育标准的制定者、规范办学的维护者、各方利益的协调者，为跨境合作办学提供引领和示范。搭建澜湄六国职业院校、企业、政府的协商机制；多方共同发力，优化结构布局，推进务实合作、缩小国家发展差距；共享课程资源、实训基地、师资队伍等，分享中国职业教育体系的建设成果。

3. 建议成立中国—东盟国际职业教育研究院，打造服务发展高端智库。希望能与海南合作，在陵水黎安国际教育创新试验区建立中国—东盟国际研究院，致力打造一个主体多元化、研究专业化、视野全球化、成果创新化、组织多样化、运行协同化的高端智库。一是“思想库”，着眼中国—东盟国家职业教育战略对接需求积极建言献策；二是“研究院”，针对中国—东盟职业教育重大问题开展创新研究；三是“舆论所”，聚焦前沿重大问题引领舆论走向；四是“服务处”，产教融合，服务社会，推动实践；五是“培训部”，聚才、引才、育才；六是“朋友圈”，发挥民间外交作用，讲好中国故事，增进合作认知。

实践证明，只有形成面向高质量发展的“内循环”和面向多方合作的“外循环”，职业教育办学的路子才能越走越宽。加强“两南合作”，共同为推动中国—东盟教育人文交流合作、共建“一带一路”高质量发展，促进文明互鉴、民心相通，维护多元稳定的国际经贸关系，贡献力量。

把握机遇挑战的中国与世界

吴海龙　中国公共外交协会会长

要“把握机遇挑战”的中国，必须要“把握机遇挑战”的世界。今天我们所处的世界已远不是我们过去经历过的那个世界。世界的秩序在重塑，全球的格局在重整，国际关系在重建。世界既显现出越来越确定的一面，又显现出越来越不确定的一面。

就中国而言，我们必须要重新认识这个世界，重新认识我们与这个世界的关系，重新拿出我们应对这个世界的方略。

中国一直反对把中美、中欧关系定义为“竞争”关系，一直主张中美应“相互尊重，和平共处，合作共赢”，一直主张中欧应“互为伙伴，互利共赢”。但美国及一些西方国家铁了心要与中国展开一场竞争。因此，中国别无选择，只能丢掉幻想，面对现实，横下一条心，强化竞争意识，大胆地、理直气壮地与西方国家开展竞争。

竞争并不意味着要发生冲突和对抗，更不意味着竞争就没有合作，该竞争的就要竞争，该合作的也要合作，要在竞争中赢得合作，要在竞争中抓取合作的机会。能与对手合作那才是高手。中国寻求的是管控住冲突与对抗的竞争；中国寻求的是自主自强、突破“卡脖子”的关键核心技术的竞争；中国寻求的是在各领域不断超越自我、赶超世界先进水平的竞争；中国寻求的是把自己建成社会主义现代化强国的竞争。

我们要转变过去几十年与西方国家打交道的思维定式。我们一直认为，只要我们与西方国家保持密切的经贸关系，政治关系就不会坏到哪儿去。但今天的现实证明，仅靠经贸关系已难以维系彼此之间的政治关系，经贸的“压舱石”作用已大大减弱。西方国家出于地缘战略竞争的考虑，宁愿在经济上受损，也要服从其政治上的需要。我们曾经认为西方“杀敌一千，自损八百”的买卖不会干，但现在，它们宁肯干着“杀敌八百，自损一千”的事也在所不惜。这就需要我们在处理与它们关系的认识上有一个根本的转变。

西方国家无法与中国完全脱钩，但它们一定会尽可能减少对中国的依赖。中国目前与西方国家仍然有着巨大的经济关系。一方面是中国过去几十年与它们“合作伙伴关系”的惯性，这一惯性还不会马上停止，还会延续。另一方面，美西方国家一时半会也无法找到替代中国产品和市场的途径，舍我其谁？此外，中国超级巨大市场，优质的投资环境有抵不住的吸引力，它们不得不与中国继续做生意。欧洲闹能源危机，为了度过寒冬，它们只好大量购买中国的电热毯、电暖气、暖水袋，外加高领毛衣，因为此物主要中国有，也只有中国可以满足它们的需求。到2020年底中国开行的中欧班列至少会有1.5万列。试想这1.5万列班列的货物谁能替代？谁能填补？因此“脱钩”它们不是不想，而是不能！但我们需要警惕的是，西方国家会千方百计地改变世界的产业链和供应链，从而减少和摆脱对中国的依赖。在核心技术和有着战略重要性的产品方面，它们既会与中国“脱钩”，又会向中国“断供”，甚至会抢中国的“饭碗”。因此，在与西方国家的经贸关系问题上，我们既要有“近忧”，又要有“远虑”，更要有“应对之策”。

开放合作是应对西方国家与我竞争的不二选择。我们的门开得越大，我们的路就越宽，我们的合作渠道就越广，我们的合作伙伴就越多，我们的市场就越大。我们在保持与西方国家合作的同时，要把合作的重心更多地放在与新兴经济体和广大发展中国家的合作上，要着力开拓发展中国家的市场，深化与周边国家的合作，要充分利用好现有的区域合作机制，并加快推动区域经济一体化的进程。总之，中国开放的脚步迈得越大，中国与世界的关系就越紧密，中国能抓住的机遇就越多，中国赢得竞争的胜算就越大。

对话交流是化解分歧矛盾、消除误解偏见的唯一办法。3年多的新冠肺炎疫情，限制了世界正常的交往和交流，加重了世界的疏离与隔膜，加深了世界的误解和偏见。因此，在当前形势下，加大中国与世界的对话交流比以往任何时候都更加紧迫和重要，尤其是面对面的对话和交流。线上交流固然可行，但毕竟隔了一层，效果有限。对话交流不一定能解决所有的问题，但所有的问题都需要通过对话交流来解决。与我们的对手对话交流，可知己知彼，弄清对方的想法和意图，讲明我们的立场和观点，画出我们的底线和红线，管控双方的分歧和矛盾。与我们合作伙伴的对话交流，可拉近彼此距离，增进彼此信赖，形成同舟共济、命运与共的关系。凡愿意与我们对话交流的，我们都不应拒绝。

政府间的对话交流至关重要，举足轻重，但民间的对话交流也必不可少，不可替代。民相亲，心相近，国之关系才能牢固稳定。总之，通过对话交流，让世界对中国有一个客观、真实、全面的了解，从而对我们多一些理解，少一些误会；多一些认可，少一些偏见，使我们有一个较为友善和宽松的国际环境，使我们有一个良好的国际形象。

在我们应对世界的各种风险和挑战中，我们最需要的是信心。今后十几年我们会不断承受西方国家在与我们竞争中的打压、遏制。竞争会始终伴随中国朝着现代化强国迈进的整个过程。我们越接近我们的目标，竞争就会越激烈。我们要准备经受风高浪急，甚至惊涛骇浪的重大考验。中国共产党的领导，中国社会主义的优势，中国较为完备的工业体系，雄厚的科技力量基础，与世界广泛而深入的合作关系，都是坚定我们信心的力量源泉，是我们最大的定力和底气，也是我们决胜的根本保证。不以物喜，不以己悲，只要我们有信心、有定力、有底气，不怕鬼、不信邪、不怕压，把准方向，定好舵，中国这艘航船就会乘风破浪，冲过各种急流险滩，到达既定目标的彼岸。

推动构建东亚区域经济运行体系

张蕴岭　中国社会科学院学部委员

世界的发展正面临新的形势，面临许多新的挑战。我就深化改革开放与东亚经济发展和东亚经济区的构建进行探讨。

第一，东亚地区在整个世界经济增长总量中具有非常特殊的、重要的地位。尽管受到各种因素的影响，特别是疫情的影响，但从 2021 年、2022 年的情况来看，东亚地区的增长情况和世界其他地区相比还是比较好的。之所以这样，其中很重要的原因，是很长时间以来中国经济的高速增长是拉动东亚地区增长的主要力量，其拉动主要是靠区域市场分工供应链的互动，而中国作为区域加工制造出口网络的连接中心起到了很重要的作用。

第二，中国经济本身强劲的增长。从整个地区来看，这种互动的关系主要还是依托于东亚大的市场开放框架、“友善”的政府政策，支持开放发展和产业链构建，以及内外畅通的经济运行环境。

第三，东亚经济正在遭受新的挑战。首先，连续 3 年的新冠肺炎疫情导致了部分供应链断裂；其次，加工制造业由中国向东南亚转移，引发市场结构重组；最后，中国经济放慢对地区经济增长的拉动作用降低。此外，世界经济处于低增长期，这样的情况是东亚地区过去很长时间都没有遇到的。还有一个很重要的方面是产业链的运行，特别是产业链的升级存在诸多障碍。东亚地区的产业链需要升级关系到未来的发展，需要各方通力合作，推动升级成功实现转型。

第四，东亚一个非常重要的进展就是在非常困难的情况下谈成并实施了RCEP。从未来的发展看，RCEP的落实对于东亚经济具有特别重要的作用。其最重要的作用是创建基于规则开放的区域市场环境。此前，由东盟牵头构建了多个“10+1”自贸区，尽管推动了市场的开放，但造成规则的不统一。推动构建统合的东亚开放市场是东亚经济发展的内在需求，这种努力从21世纪初就开始了，2011年，东盟牵头规划了“区域全面经济伙伴关系”（RCEP），得到东亚其他各国的支持。经过多年的谈判，RCEP于2021年签署并实施。这样东亚第一次有了一个统合的、基于统一标准规则的经济框架。RCEP不是一个传统的自贸区协议，而是一个经济伙伴关系协定，这也是近年来发展的新趋势，涉及了很多所谓边境内，也就是属于国内管理的许多经济政策、规则、运行方式。它的作用就是通过RCEP来实现区域经济运行体系方式管理的对接与协同。所以真正落实好RCEP，需要包括中国在内的成员把功夫下在市场准入以外的领域。我们看RCEP的条款，实际上市场准入水平相对比较低，实现零关税的速度也是很慢的，长达20年，中日韩之间减税的速度也是长时间的过渡。但是在一些涉及经济运行体制、管理标准等方面的其他规则是比较具体的，马上要落实的。这些对东亚未来经济发展产生了重要影响。原来地区产业链的构造大部分是加工制造的中间产品，它们的关税很低，市场开放度高，还有很多优惠政策。所以，落实RCEP真正有意义的是规则、标准、政策，是打造一个基于规则的、统一的、协调的、开放的市场环境。从这个角度来看，RCEP真正的意义就是能推动东亚经济区的构建，由一个出口加工转口、依赖外部市场的增长区，向开放与统一规则的经济区深化。

所以，未来东亚经济要想持续发展、增添新的动力，就需要推动东亚经济区构建，市场开放机制规则统合，创建新的发展动能，这方面中国起着特殊的重要作用。中国作为东亚经济区中最大的经济体，它的作用非常重要。通过深化改革开放保持增长的可持续性，发挥中国作为地区经济增长拉动的主体力量，只有这个作用继续保持，才有东亚经济区新的增长。

第五，深化改革有助于中国与其他各个国家之间的规则对接，即中国的经济运行体系与地区整体的基于 RCEP 筹建的运行体系对接。如果不能实现“无缝对接”，东亚经济区的构建就难以实现。从中国来说，要成为区域内经济的支撑中心，成为区域支撑的市场，能为区域经济发展提供重要市场依托和投资来源。特别是要为后起发展经济体提供市场，改变原来的贸易平衡结构，让它们由贸易逆差转变为贸易顺差，为它们的经济发展提供资本积累，发展当地经济。从东亚整个地区的发展看，需要提升区域内需求的能力，改变严重依赖加工出口拉动经济增长的格局。同时，也需要加强技术提升的能力，提升技术分工与供应链的区内循环的能力，让中国的投资和整个经济的运行网络更好地连接起来。因此，中国要想成为未来东亚经济发展的重要支撑力量，要有一个大的转型，要通过深化改革开放，引领东亚经济区的发展，真正承担起东亚经济区经济新发展的“领头雁”主体市场功能。目前，大家谈得比较多的是怎么样利用 RCEP 增加贸易，这只是一个方面，更重要的方面是东亚经济区的构建。也就是说，我们在落实 RCEP 的时候，要紧密地和中国对外经济开放和深化体制改革相联系，要重视中国如何在构建东亚经济区上发挥引领作用。把中国的深化改革开放和东亚经济区的建造连接起来，尽管存在困难，比如美国对中国搞技术限制、通过印太经济框架（IPEF）和半导体联盟圈子排除中国。东亚大部分国家都参加了美国构建的机制，这无疑会对中国有影响，但是，从东亚经济区构建的角度来说，我们可做的空间很大，中国的作用不可替代，在构建东亚经济区上，美国无法替代中国的地位和作用。

世界未来发展看东亚，东亚发展看中国，这是大势，是大局。

第三篇

以结构转型为主线深化改革

我们为什么要坚持社会主义市场经济改革方向

彭　森　中国经济体制改革研究会会长

党的二十次代表大会，开启了全面建设社会主义现代化国家的新征程。会议强调，发展是党执政兴国的第一要务，必须完整、准确、全面贯彻新发展理念，坚持社会主义市场经济改革方向，坚持高水平对外开放，加快构建以国内大循环为主体、国内国际双循环相互促进的新发展格局。

一、社会主义市场经济是马克思主义中国化时代化的重大成果

党的二十大提出了“开辟马克思主义中国化时代化新境界”的重要任务。必须指出，马克思主义是人类历史最伟大的思想成果，但它不是一成不变的教条，而是一个随着时代、实践和科学发展而不断发展的理论体系。它没有终结真理，而是开辟了通往真理的道路。回顾中国改革近五十年所走的道路，就是一个解放思想，实事求是，追求真理，探索创新，不断推进马克思主义中国化、时代化的过程，而社会主义市场经济理论就是这一过程中最伟大的创新成果。

长期以来，无论是西方的学者或政治家，还是马克思主义经典作家，都把市场经济看成与社会主义不可兼容的。20 世纪在中国改革发端的 1979 年，小平同志就提出“社会主义也可以搞市场经济”。在其后十几年间，改革不断突破计划经济的束缚，改革的目标模式也随之不断调整。直到 1992 年初，邓小平发表南方谈话，明确提出计划经济不等于社会主义，资本主义也有计划；市场经济不等于资本主义，社会主义也有市场。

计划和市场都是经济手段。党的十四大明确提出，中国经济体制改革的目标，是建立社会主义市场经济体制。这一目标模式的确立，把社会主义制度与市场经济结合起来，形成具有中国特色的社会主义经济发展模式，开启了中国改革开放的新阶段，也开启了马克思主义中国化的新纪元。

社会主义市场经济理论作为马克思主义基本原理与当代中国实践和时代特征相结合的产物，最关键的理论突破在于，揭示了“计划”与“市场”作为资源配置方式，在性质上都属于手段和方法，与社会主义制度没有必然联系。这就从根本上破除了传统观念，发展了马克思主义。社会主义市场经济理论的产生，不是拘泥于外来的一成不变的教条，也不是迫于西方的压力或说教，完全是出于解放和发展生产力的内在需要，完全来源于中国改革实践中对计划和市场两种体制的再认识。

实际上，计划经济与市场经济的最大区别，在于资源配置方式的不同。计划与市场谁更有效率？在资源配置中是政府起决定作用，还是市场起决定作用？这个问题实践中争论了几十年，到今天也没有完全解决。2013 年，党的十八届三中全会专门作出决定使市场在资源配置中起决定作用。习近平总书记特别强调，理论和实践都证明，市场配置资源是最有效率的形式。市场决定资源配置是市场经济的一般规律，市场经济本质上就是市场决定资源配置的经济。党的十八届三中全会把市场在资源配置中起“基础性作用”，改为“决定性作用”，虽然只有两字之差，但对市场是一个全新的定位，是科学社会主义理论与实践的又一次重大突破和创新。历史已经并将继续证明，党的十四大提出建立社会主义市场经济体制是对生产力的一次大解放，党的十八届三中全会提出使市场在资源配置中起决定性作用，是对生产力的又一次大解放。

在学习党的二十大精神的时候，简要回顾一下历史，有几点启示：其一，马克思主义活的灵魂，就是解放思想、实事求是、与时俱进。社会主义市场经济的提出，是解放思想的结果。坚持社会主义市场经济改革方向，仍然要坚持解放思想。没有新一轮的思想解放，就没有新一轮的改革突破，也难以完成马克思主义中国化时代化的历史使命。其二，制度优势是一个国家的最大优势，制度竞争是国家之间最根本的竞争。而中国最大的制度优势在哪里呢？不能简单理解为举国体制，而是社会主义制度与市场经济相结合。这已经被确定为中国的基本经济制度，是我们的安身立命之本，必须毫不动摇，长期坚持。其三，推进马克思主义中国化时代化是一个追求真理、揭示真理、笃行真理的过程。这个过程曲折漫长，任务艰巨。党的十四大确定社会主义市场经济目标模式已经整整30年，目标还远未达到，社会上还总是有去市场化的动向，我们还要时刻为捍卫之而斗争。这个问题值得深思。

二、社会主义市场经济改革是构建新发展格局，推动高质量发展的重要动力源

改革开放是决定中国当代命运的关键一招，也是构建新发展格局，推动中国经济加快复苏、稳定增长的关键一招。

当前，我国经济发展外部环境的复杂性、严峻性、不确定性上升，百年变局和世纪疫情相互交织，国际局势剧烈动荡，国际政治、经济、安全格局发生前所未有的深刻变化。全球化进程遭受重大挫折，和平赤字、发展赤字、安全赤字不断加重，新冷战的威胁正在浮现。全球经济前景暗淡，出现“一低四高”（即低增长、高通胀、高失业率、高利率与高杠杆）的趋势。联合国贸发报告最新预测，世界经济增速2022年为2.5%，2023年将进一步放缓到2.2%，全球经济面临深度衰退的威胁。

从国内形势来看，2021年下半年以来，国内经济增长速度持续走低。我国经济面临需求缩减、供给冲击、预期转弱三重压力。特别是从2022年3月开始，国内疫情与俄乌冲突等多重不稳定因素相互叠加、超预期冲击，导致宏观经济下滑压力骤然加大，上半年经济增长只有2.5%。经国务院5月25日出台六方面33项“一揽子”稳增长、稳市场主体、保就业的政策，以及8月24日又果断推出19项接续政策，宏观经济已出现一些积极变化，复苏迹象明显。刚刚发布的前三季度数据表

明，我国经济正在恢复，但恢复的基础尚不稳固，年初期待的前低后高深V型反转难以实现。完成稳住经济大盘、保持经济运行在合理区间，实现回稳向上的任务，尚需付出艰苦努力。

面对这些风险和挑战。有些专家感叹，当今世界充满高度不确定性。但是我们要说，坚持以经济建设为中心，坚持改革开放不动摇，这是我们的确定性。中央要求我们保持战略定力，坚定做好自己的事，一项重要任务就是坚持市场化改革，持续推进更高水平的对外开放。历史经验无数次告诉我们，发展是解决我国一切问题的基础和关键，而改革是发展的根本动力。面对严峻复杂、风高浪急的国际环境，面对我国经济运行中存在的突出矛盾和问题，我们必须向改革要动力，用市场化改革的办法破解发展中的问题；向开放要活力，坚持以开放促改革、促发展、促创新，推动经济发展的质量变革、效率变革、动力变革，为高质量发展提供制度支撑和保证。

应该特别指出的是，我们这里说的改革，不仅是一般意义上的改革，即通过变革生产关系和上层建筑，为解放生产力、发展生产力开辟道路。从这个意义上，发展无止境，改革亦无止境，改革永远在路上。同时应该强调的是，我们当前应坚持推进市场化改革，加快完成从计划经济向市场经济的彻底转变，加快建成比较成熟、完善、高水平的社会主义市场经济体制。那么，经过30年市场导向的改革，社会主义市场经济是否已经完备成熟，可以正常发挥作用了呢？应该讲，我国社会主义市场经济体制还不完善，改革的任务还远未完成。过去的10年，我们以巨大的政治勇气全面深化改革，打响改革的攻坚战，加快改革的顶层设计，敢于突进深水区，敢于啃硬骨头，敢于涉险滩，敢于面对新矛盾新挑战，冲破思想观念束缚，突破利益固化藩篱，坚决破除各方面体制机制弊端，各领域基础制度框架基本建立。但是，距离建成一个成熟、高水平的社会主义市场经济体制还有差距，“重点领域还有不少硬骨头要啃”。例如，市场体系仍不够完善，特别是生产要素市场发展滞后，市场在资源要素配置中还难以发挥决定性作用；政府对微观经济活动干预仍然过多，一些行政垄断、市场壁垒、地区分割等现象严重影响了全国市场的统一，破坏了正常的市场竞争机制；民营经济平等竞争的地位尚未真正建立起来。一些歧视、怀疑甚至黑化民营经济的现象屡有发生，极大影响了民营企业家的市场预期和信心，弱化了竞争政策的基础性地位。

为了适应构建新发展格局、推动高质量发展的要求，中央近年在积极推动要素市场化配置综合改革、加快建设全国统一大市场、健全公平竞争审查制度、进一步完善社会主义市场经济体制等方面，推出了一系列市场化改革的文件。这些市场化改革举措的提出和落地，无疑可以为高质量发展开辟道路，为中国经济稳定增长提供动力。

三、加快完善高水平的社会主义市场经济体制是推进中国式现代化的关键性任务

建设中国式的现代化，是新时期、新征程中国共产党的使命任务。党的二十大对中国式现代化的五个基本特征和五项原则要求进行了全面系统的阐述。中国式的现代化既包括经济体系的现代化，如新型工业化、信息化、城镇化、农业现代化等；也包括人的现代化，这体现了以人民为中心的理念，现代化的本质是人的现代化；还包括国家治理体系、治理能力的现代化。“小智治事，大智治制。”高水平、成熟的社会主义市场经济体制是治理体系现代化的重要标志，也是实现高质量发展、加快中国式现代化的重要制度支撑和保证。党的二十大报告在阐释中国式现代化的主要目标任务和重大原则时，都明确提出了坚持深化改革开放，破解深层次体制机制障碍，完善社会主义市场经济体制的要求。报告强调的市场化改革重点任务与党的十九届五中全会通过的“十四五”规划建议是完全一致的，即高标准的市场体系基本建成，市场主体充满活力，产权制度和要素市场化配置改革取得重大进展，公平竞争制度更加健全，更高水平开放型经济新体制基本形成。下一步，中国的市场化改革和对外开放主要应聚焦在以下五个方面：

1. 在培育更有活力、创造力和竞争力的市场主体方面。党的二十大

再次强调“两个毫不动摇”，特别是要依法保护民营企业产权和企业家权益。国企改革还是要坚持有进有退、有所为有所不为，加快国有经济布局优化、结构调整和战略重组，推动国有经济进一步聚焦战略安全、产业引领、国计民生、公共服务的功能，向关系国家安全、国民经济命脉的重要行业和提供公共服务、应急能力建设和公益重要行业集中。推进混改的重点，不是扩大国有经济的影响力、控制力，而是引入竞争机制，构建适应市场配置资源方式的股权结构，处理好党的领导与市场化选聘经营管理者的关系。民营经济是市场经济的主体，是稳增长、保就业的主要力量。要采取措施切实消除民营企业在市场准入、项目招投标、社会信用和法律保护等方面存在的所有制歧视，营造稳定公平透明，可预期的营商环境，最大限度地放开市场、放宽政策、放活人才，恢复和提振民营企业家的信心。对国有企业不再实行基于所有制的各种补贴。

2. 在建设高效规范、公平竞争的国内统一大市场方面。重点是要坚决破除行业垄断、所有制歧视、地方保护主义和各类市场壁垒，完善统一的产权保护制度，实行统一的市场准入制度，维护统一的公平竞争制度，健全统一的社会信用制度。在夯实这些市场经济基础制度的过程中，关键任务是强化竞争政策的基础地位。在市场竞争中只有公平才能激发市场主体的活力。要加强公平竞争审查制度的刚性约束，加快建立市场竞争状况的评估制度。在构建全国统一大市场，完善有效市场体系和市场机制的同时，还要更好地发挥政府作用，深化简政放权、放管结合的政策，优化服务效率，继续推进政府职能转变。政府的工作重心主要是提供优质公共服务，创新监管方式，维护公平竞争的市场环境。

3. 在推进要素市场化配置改革方面。加快要素市场化配置，既是构建全国统一大市场的重要内容，也是构建高水平市场经济体制、推动高质量发展的关键任务。2021 年末，中央正式发出通知，在全国开展要素市场化配置综合改革试点工作。这项重点改革涉及土地、劳动力、资本、技术、数据等要素的管理制度、交易规则、产权保护以及分配机制等。全国有十几个省的方案已初步通过评审，改革试点工作有望在第四季度正式启动。这些改革试点涉及的多为难啃的“硬骨头”，通过中央“充分授权、先行先试”的办法，有望在“十四五”取得重大突破。

4. 在国民收入分配制度改革方面。党的二十大强调收入分配制度是促进共同富裕的基础性制度。近期将有些大力度的举措出台。一方面，要通过做大“蛋糕”，努力提高居民收入在国民收入分配中的比重，提高劳动报酬在初次分配中的比重；探索通过土地、资本等要素使用权、收益权增加中低收入群体要素收入，增加城乡居民财产收入；另一方面，要通过税收、社会保障、转移支付加大对社会收入再分配的调节力度，建立规范财富积累机制，保护合法收入，调节过高收入，取缔非法收入，更加积极有为地促进共同富裕。

5. 在实行高水平对外开放方面。坚持实施更大范围、更宽领域、更深层次对外开放。稳步扩大规则、规制、管理、标准等制度性开放。创新服务贸易发展机制，发展数字贸易。进一步缩减外资准入负面清单，建立健全跨境服务贸易负面清单管理制度，稳妥推进银行证券、保险、基金、期货等金融领域开放，营造市场化、法治化、国际化的营商环境。要进一步完善自贸试验区布局，赋予其更大改革自主权。特别是海南自贸港对标当今世界最高水平的开放形态，按照货物贸易“零关税”、服务贸易“准入又准营”的方向，推进贸易自由化便利化，实施自由贸易试验区提升战略，扩大面向全球的高标准自由贸易区网络，推动区域全面经济伙伴关系协定（RCEP）实施。

发展数字贸易　推动高水平对外开放

王一鸣　中国国际经济交流中心副理事长

当前，数字技术革命与全球服务贸易发展形成历史性交汇，推动数字贸易迅猛发展，成为国际贸易增长的新引擎。数字技术不仅提高服务的可贸易性，还将传统服务贸易转变为可数字化的贸易，数字贸易成为服务贸易创新发展的引领者，占全球服务贸易的比重大幅上升。联合国贸易和发展会议（UNCTAD）数据显示，过去10年，全球通过数字形式交付的服务出口额年均增速达到7%~8%。2020年以来，受新冠肺炎疫情影响，全球服务贸易受到较大冲击，但数字贸易发展势头依然强劲，展现出强大的发展韧性。2021年全球跨境数字服务贸易规模达到38610.8亿美元，同比增长14.3%，占服务贸易的比重达到63.6%，已在服务贸易中确立主导地位。

随着数字贸易的迅猛发展，推动数字贸易形成共同的规则已成为越来越多国家的共识。但数字贸易作为一种新型贸易形态，涉及的领域广泛多样，各方在数据跨境流动、个人隐私保护、数字安全、平台治理等方面监管政策立场相去甚远，短期内难以达成各方普遍接受的全球数字贸易规则体系。在多边谈判受阻的情况下，立场相近的国家往往通过双边或多边区域协定等方式，构建各自主导的数字贸易规则，形成了“美式模板”“欧式模板”和“亚太模板”等多重规则体系并存的局面。

总体来看，与数据跨境流动、数据本地化等敏感议题相比，各国在数字贸易便利化领域更容易达成共识。数字贸易便利化议题主要涉及数字产品关税、无纸化贸易等内容。数字贸易便利化要求简化数字贸易的制度和程序，推进数字基础设施建设和标准对接，提高数字贸易效率，降低交易成本，为数字贸易发展营造简约、透明和可预期的环境。

近年来，中国数字贸易迅猛发展，已经成为全球数字贸易大国。根据联合国贸易和发展会议数据，2011—2020 年，中国数字服务贸易规模由 1684.3 亿美元增至 2939.9 亿美元，年均增长 6.7%，全球排名由第 10 位上升至第 5 位。2021 年中国数字服务贸易总额达到 3596 亿美元，同比增长 22.3%，占服务贸易比重达 43.2%。数字贸易对贸易增长的带动作用、贸易结构的优化作用、贸易创新的驱动作用日趋显现。电信计算机和信息服务出口优势显现，2021 年同比增长 30.4%，在数字服务出口中占比达 39.5%。跨境电商增势强劲，2021 年出口增长 28.3%，占出口总额的 6.4%，对稳定外贸出口增长，促进货物贸易数字化方面发挥重要作用。数字支付国际市场加快拓展，微信、支付宝被越来越多国家使用。中国正在成为全球数字贸易发展最具活力的舞台。

中国还是数字贸易国际规则制定的积极参与者和实践者。近年来，签署的自由贸易协定中已经纳入数字贸易的相关条款。2021 年 9 月，中国正式提出申请加入《全面与进步跨太平洋伙伴关系协定》（CPTPP），2021 年 11 月申请加入《数字经济伙伴关系协定》（DEAP），充分体现主动对接国际高水平贸易规则的意愿，是推进高水平对外开放的积极行动。2021 年 7 月发布《海南自由贸易港跨境服务贸易特别管理措施（负面清单）》（2021 年版），明确列出针对境外服务提供者的 11 个门类 70 项特别管理措施，凡是在清单之外的领域，在海南自由贸易港内，对境内外服务提供者在跨境服务方面一视同仁、平等准入，开放度、透明度、可预见度大幅提高，数字贸易自由化便利化水平进一步提升，为外资企业发展提供更大发展空间。

中国数字贸易发展空间巨大，2021 年数字贸易出口占全球比重 5%，远低于货物贸易出口占全球高于 13%的比重，与美欧等发达国家相比还有较大差距，数字贸易领域核心技术的创新能力也有待提升。党的二十大报告提出，创新服务贸易发展机制，发展数字贸易，建设贸易强国，为发展数字贸易指明了方向。今后一个时期，中国应加快数字贸易发展，积极妥善处理开放与安全、创新与监管、发展与治理等关系，推动数字贸易的技术创新、业态创新和制度创新，推动高水平对外开放。

第一，积极稳妥扩大数字贸易领域对外开放。进一步放宽外商投资数字贸易行业的准入和股比限制，鼓励符合条件的外资企业提供数字贸易增值服务。在确保数据流动安全可控的前提下，扩大数据领域开放，创新安全制度设计，对跨境数据实行分类监管，为数据跨境流动提供更为便利的环境。

第二，健全数字贸易发展的制度和政策体系。建立和完善数据产权保护利用、跨境数据监管、数据市场开放准入等方面的制度。制定促进数字贸易发展的政策，着力提高数字 ICT 服务、知识产权服务，以及操作系统软件、算法、算力等新型数字服务在数字贸易出口中的比重，提升数字贸易产业链附加值和国际竞争力。

第三，积极推进数字贸易自由化便利化。提升数字贸易政策透明度，推动电子传输免关税、数字证书、电子签名等的国际互认，鼓励报关环节的无纸化，以及贸易领域证书的电子化管理，并将数字贸易纳入“单一窗口”管理，简化数据要素流动管理程序。

第四，支持海南自贸港和自贸试验区先行先试。支持海南自由贸易港实行跨境服务贸易外资准入负面清单制度，开展数据跨境传输安全管理试点，探索形成既能便利数据流动又能保障安全的机制。

第五，积极参与国际数字贸易规则制定和合作。积极参与贸易便利化、市场准入、关税与数字税、跨境数据流动、网络安全和消费者保护、知识产权保护、数字营商环境等国际规则制定，加强在监管协调和降低数字贸易壁垒等方面的国际交流与合作。

聚焦创新能力，深化体制改革

樊　纲　中国（深圳）综合开发研究院院长

结构性改革的重点在何处？为什么要推进改革？回顾40多年来的改革开放，我国取得了很大成就，社会主义市场经济体制基本建立，有效市场、有为政府的体制运行颇有成效。但是，在百年未有之大变局下，某些发达国家遏制我国发展成为一个突出问题。在这种情况下，我国创新能力还能不能迅速发展？

从发展经济学的角度来看，在这个阶段，我国还无法完全依靠自主创新，仍需要发挥后发优势，学习、引进、消化、吸收人类已经创造的先进知识和先进技术，以此更好地发展自己。我们不能做的，就应该去买，买的成本比事事靠自己创新和试错的成本要低，引进技术成本相对较低，是最优方案，处处自己做反而是次优方案。

问题在于，正常情况下不需要每个国家什么事情都做，世界各国"你中有我，我中有你"，大家各自发挥优势，相互补足。但现在这个世界不正常。一方面，某些国家遏制别国发展；另一方面，经济、知识、技术全球化受到了严重冲击。在这种情况下，"断供脱钩"要求我国必须解决"卡脖子"的问题。因此，就目前来讲，自主创新就变成了最优方案。如何尽快提升我国自主创新能力就显得尤为重要。

我国的体制机制，在很大程度上有利于模仿和学习，有利于发挥后发优势。但是，现在需要形成一种新的创新体制，使自主创新更能够得到制度的保障。在我看来，涉及以下几个问题。

一、用制度保障思想解放

西方的繁荣得益于文艺复兴，中国的繁荣得益于解放思想、实事求是。我国的学术结构、教育机构要保证百花齐放，尊重少数人的意见、尊重失败，保证科学家集中精力创新创造，不受社会的干扰等，还需要各种制度保障。从长远来讲，没有伟大科学和思想的突破，就无法真正实现现代化。

经济学最重视的是“制度”，比如民营企业发展的“制度”。当年华为拿着一份红头文件，这份文件批准了华为建立科技合伙人的企业。制度允许企业把收益内部化，使一大批企业发展起来，这样的“制度”是最重要的。

现在有了市场机制以及知识产权保护机制，人们可以内部化创新所带来的各种收益，科创激励规则得到完善。从这个意义上讲，我们不仅要关注政策，更要注重最基本的制度，如知识产权制度、市场机制等，这是生态最基本的东西。政府应该做的最重要的事情，是提供公共服务，使创新人才能够安居乐业，让人才充分发挥作用。

知识产权保护问题也有待解决。经常有这样的案例发生，企业好不容易研发出一项创新，两个月后市场全有了，企业的知识产权得不到保护，这对很多创新者造成很大打击。

二、用制度释放民营企业的创新活力

政府在创新中可以发挥重要作用，企业的作用也不可忽视。

一方面，要用好政府力量。如果国家把一个实验室放在某个地方，那这个实验室应该代表国家的力量来调动全国各种稀缺资源。因为只有少数人有创新的能力，怎么把少数人集中起来，这就叫作“举国体制”。这涉及国家的统一调度、稀缺资源的关系等。

当年我国研发“两弹一星”，把顶尖的人才集中在一起才得以实现，如果分散到各省去搞，则很难实现。因此，我们要关心这个体制，同时要关注全国范围内大家在竞争这些稀缺资源的项目是什么？如何利用好举国体制优化调整组合？

现在主要的问题是怎么避免分散化、碎片化，避免出现“科技烂尾楼”，如何集中优势打歼灭战，集中稀缺资源攻克难关，这是国家在发挥机制优势的基础上，能够在科技创新当中真正做的事。

这不光是我们在做，美国也在做。例如，拜登曾是美国“癌症登月计划”的牵头人，调动关键性的科研机构和企业组成全国性的力量来攻克难关。

另一方面，要用好企业，尤其是民营企业的力量。民营企业的创新，有自身的特点和优势。民营企业是用自己的钱去创新，因此就可以做一些匪夷所思的事情。不是说国有企业不能创新，但毕竟用的是公款，对失败的承受能力就弱一点。而且大量的民营产品处在竞争领域，必须不断面对市场上的竞争者和消费者来创新。因此，民营企业更具有活力，调整起来相对比较容易，相对于国有企业，更加适应激烈的市场竞争。此外，民营企业可以作为家族企业传承，少受人事调动的影响，可以在一个领域长久耕耘、发展、创新。所以，需要研究如何保障民营企业的产权，怎么发挥民营企业在市场上的积极作用，怎么避免在产权重组过程中失去地位。

二、形成以企业为核心的科技创新体制

至少未来 5 年，中美之间科技竞争趋势不会扭转，甚至还会恶化。美国的根本利益就是遏制中国发展，大国崛起和发展不是自然而然的，而是必须靠努力，反过来讲这是我们发展的成果。

什么叫大变局？主要是我们变了，美国对我们的态度也变了。也是因为我们具备了跟它竞争的能力，它才变本加厉来遏制我们。这一阶段的特殊性就是“大国博弈和大国竞争”。

之所以技术被卡住，还是因为我们科技创新能力不足。科技创新不仅仅是几家大企业的事情，关键在于千百万的小企业也拥有创新的环境，

我国才能够走过“卡脖子”的阶段。

国家应该鼓励不同领域的龙头企业根据自己的需要，邀请科研机构和科学家参与合作。不要以学术机构为核心，而要以企业为核心，围绕企业的技术需求整合、利用、协调各方面的科技创新能力。

企业可以提出项目申请政府的支持，也可以加入政府发起的技术创新项目。政府发起的技术创新项目，一定要有企业参加，并且有些项目要以企业牵头，而不是以学术机构牵头。科研机构、高校也应该成立理事会，理事会里要有企业的理事会成员，企业家做理事会成员，将企业的研究需求纳入科研机构发展的方向之中。

国家设立各种项目，除特殊情况外都应该向企业开放，包括向民营企业开放。以前是军用技术用到民用，现在是民用技术用到军事上。例如，马斯克的“星链计划”就被用于公共产品。要充分发挥大企业、头部企业的作用。我国大企业太少，从世界竞争角度来讲，我国很多大企业仍然是小的。大企业利润较高，创新能力较强，能够做小企业不能做的事情，带动小企业进入新的轨道。面对新挑战，要充分发挥大企业的创新带动作用。

同时，政府想吸引人才，不是简单地号召，而是想着怎么解决他们切身面临的问题。最终的吸引力是，未来的生活是否有利于他们的计划安排，是否能够使他们的预期目标实现。人才政策应该着眼于年轻人，着眼于新一代的优秀毕业生等。

因此，一定要区分什么是市场能做的，由市场自己去解决。政府所能提供的是普惠性的公共服务、改善当地市场经济发展的条件等，这是政府要做的。

四、完善创新生态

通常企业的创新主要在技术领域，一方面是技术本身；另一方面是技术应用。但创新是大概念，既包含技术创新又包含基础理论创新，如组织、管理、营销等都需要创新。

第一，从浅层技术创新和应用来看，一家企业运用数字技术甚至工业互联网，需要改变的是整个生产过程和管理的组织结构，很多环节都需要创新改变的。这是第一层次的创新。

第二，企业如果有技术能力，特别是大企业应该更关注底层技术的创新，而不仅仅是怎么应用。只有底层技术发展了，应用和浅层技术才能进一步发展。这是第二层次的创新。

第三，有能力的企业可以在基础科研方面做出贡献，很多基础研究不一定马上能够应用到技术和生产上，但仍需发展。一般来说，这些基础科研主要由科学院、大学、学术机构来研究，由政府出资来推动，但大企业也能够有所作为。

另外，我们不应该用一种创新来否定另一种创新。现在有一种趋势，就是强调底层技术、硬技术的创新，觉得那才是创新，其他一些应用、管理的创新就不叫创新了，那也不对。二者都是创新，都能够使生产、消费、社会的组织等产生变化。

我们也不应该推崇所谓跨界发展。不同的企业有不同的专业，大家都应该实现更专业深入的发展，所以我并不提倡“软件企业都去搞硬技术”或者“硬技术企业搞软件”，大家应该分工，各自发挥强项。

从中国长期的发展来看，我们需要各式各样的新技术产生，解决各式各样的“卡脖子”问题，关键零部件、关键元器件、原材料等都是硬技术，我们希望看到更多独角兽、“隐形冠军”能够在硬技术上获得更大突破。但不能片面去强调硬技术，而忽视软技术的作用和价值。

中国宏观经济形势与宏观经济政策调整

余永定　中国社会科学院学部委员

据国家统计局数据，2022 年一季度中国 GDP 同比增长 4.8%，二季度增长 0.4%，三季度增长 3.9%。2022 年前三季度国内生产总值（GDP）同比增长 3%。同期，居民消费价格指数（CPI）同比上涨 2%。虽然第三季度中国经济形势有所好转，但总体来说，到目前为止，中国 2022 年经济增长形势是令人失望的。

事实上，中国经济增速下滑已经持续了 12 年，经济增速年率从 2010 年的 10.6%降到 2019 年的 6%；季度增速由 2010 年第一季度的 12.2% 降到 2019 年最后一个季度的 6%。2020 年，由于新冠肺炎疫情冲击，中国 GDP 增速更是跌落到改革开放后史无前例的 2.2%。

2022 年初，中国政府确定了 5%~5.5%的增速目标，并制定和实施了扩张性的财政货币政策。应该说，年初的经济增速目标是合理的、是可以实现的。中国政府所采取的宏观经济政策，总体上说也是正确的。

既然宏观经济政策的目标是正确的；宏观经济政策的方向和力度也是大体正确的，为什么前三个季度中国经济的表现差强人意？事实证明，宏观经济政策的有效性受到宏观经济领域之外因素的制约，并受到宏观经济政策实际操作过程中所存在问题的影响。

通过提高基础设施投资增速，带动经济增长，是中国扩张性宏观经济政策的最重要特点。扩张性财政政策的核心内容是通过地方政府来组织企业（主要是国有企业）进行基础设施投资。但基础设施投资能否顺利实施、能否有效推动经济增长，除受如防疫政策之类外部条件的制约外，还要解决操作层面上的问题。而基础设施投资的融资结构和专项债（券）使用管理是操作层面上的两个突出问题。

理论上，基础设施投资资金可以由政府一般公共预算提供，如果一般公共预算出现预算赤字，可以发行国债弥补。但由于担心增加中央政府显性债务或在地方层级产生道德风险，中央政府执行了尽量减少“预算内”融资的政策。这种政策实际上也反映出，中国宏观经济政策的实施，要受中央政府金融风险防范政策的制约。

在既要刺激经济增长，又要防范道德风险思想的指导下，中国基础设施投资就形成了一种奇特的融资结构。在基础设施投资资金来源中，成本最低的资金——中央政府一般公共预算占比最低；成本最高的资金——城投债则占比最高。一方面是低商业收益（甚至无收益）、缺乏现金流（甚至无现金流）的作为公共产品的基础设施项目；另一方面是基础设施投资的融资高度依赖市场化的高成本资金。这种融资结构降低了国债对 GDP 之比，即降低了中央政府的财政风险，但却提高了广义国债对 GDP 之比，即增加了地方政府的财政风险。中国基础设施投资的融资结构使扩张性财政政策的财政和金融风险实现了从中央到地方的转移，但作为一个总体，中国经济的金融风险水平并未降低。相反，由于这种融资结构的复杂性、不透明性以及资金和管理成本的上升，金融风险可能反而增加。

对专项债发放和使用的管理缺乏必要灵活性是执行扩张性财政政策过程中，在操作层面出现的另一个重要问题。

既然基础设施投资项目现金流难以覆盖资金成本，政府就只好在加强基础设施投资资金管理，特别是在加强专项债资金管理上下功夫，希望通过这种管理实现项目资金的收支平衡。在现行专项债管理制度下，专项债从项目申报、发行到资金分配的每一个环节都必须满足严格的条件，且手续繁杂。中央政府对地方政府发放和使用专项的监管过于严苛，缺乏必要的灵活性，影响了地方政府使用专项债的积极性，从而在一些地方造成专项债资金闲置的状况。

基础设施融资结构和专项债管理表现出的问题都同决策者降低中央财政风险的指导思想有关。这种风险防范意识应予以正面评价，但应该注意到，在经济增速持续下跌，失业率特别是青年失业率日趋严重的情况下，以中央财政状况的显性恶化换取经济增长的稳定可能是一种“两害取其轻”的无奈选择。中国的经验也一再显示，提高 GDP 增速可能是降低宏观杠杆率的更有效办法。中国应该使政府债务显性化，增加政府一般公共预算支出，特别是中央政府一般公共预算支出对基础设施投资的贡献。不要过于担心中国一般公共预算支出，特别是中央政府一般公共预算支出的增加。中国是一个高储蓄国家，完全可以通过增发国债来平衡财政。

2022 年以来，美联储已五次加息，累计加息幅度达 300 个基点，对中国执行扩张性财政货币政策，特别是扩张性货币政策形成重要制约。为了维持中国货币政策的独立性，中国必须允许人民币贬值。到目前为止，我认为中央银行的“善意的忽视”（benign negligence）政策是正确的。虽然 2022 年以来人民币对美元已经发生较大幅度贬值，但这种贬值给中国金融稳定带来的风险还是可控的。从短期来看，中美利差会对人民币形成贬值压力。但人民币贬值压力不应该阻碍央行继续执行宽松的货币政策。通过灵活的汇率制度和适度的资本管制，中国是可以维持货币政策独立性的。我相信，只要中国经济增长能够实现稳定，投资者对中国经济增长预期就会改善，人民币就会实现稳定。

总而言之，尽管中国经济增长目前还面临众多困难，但中国实现较高经济增速的基础还在。只要我们坚持改革开放的总方针，协调好各种政策目标之间的关系，坚持实行扩张性宏观经济政策，中国就能实现稳增长的目标。

结构效率与结构性改革

刘尚希　中国财政科学研究院院长

绿色低碳、数字化、经济金融化、城市化，这四个趋势叠加形成综合趋势。前三个趋势是世界各国共同的特征，但城市化在我国尚未完成。结构转型离不开城市化的推动，从乡村文明转向城市文明，是推动结构转型的必由之路，也是中国式现代化的必由之路。

一、国家治理结构与资源配置效率

不同的治理结构延伸出不同的行为自由度以及不同的规则，从而决定了经济运行效率。国家治理结构变迁遇到了“瓶颈”，导致经济增速不断放缓。国家治理结构是指国家、市场、社会、中央以及地方的组合关系，包括国家与市场的关系、国家与社会的关系、社会与市场的关系、中央与地方的关系。这几个关系组合形成的国家治理结构，从根本上决定了结构效率，从而决定了资源配置效率。从世界经济发展史来观察，不难发现，分权与结构效率正相关，集权与结构效率负相关。

结构效率与国家治理结构的现代化转型直接关联。党的二十大报告中提出，要以中国式现代化全面推进中华民族伟大复兴。国家治理结构现代化是现代化的一个重要维度，不同于物质技术维度的现代化，但又是其离不开的支撑和条件。国家治理结构的现代化与迫切需要解决的治理难题是同构的。如果城乡二元结构一直存在，很难说国家治理现代化取得了新进展。

二、城乡二元结构难题掣肘经济效率提升

二元结构难题、治理结构转型以及结构效率三位一体。我国经济增长遇到“瓶颈”。一方面，进入城市工作和生活的农村劳动力无法真正脱离农村集体所有制模式；另一方面，农村的自然村落每天都在消失，土地在城市化，城中村扩散，农民工群体成为新的城市阶层。在以城市化为载体的农民社会向市民社会转型的过程中，传统的农民有四种形态，包括城中村的农民、离村的农民工、离土不离乡的农民、种地的农民；城乡关系也包括了收入分配、就业失业、城乡保障、城乡治理等，无论在统计口径和标准上，还是在社会成员基本权利和义务的法律认定上，现在都变得极其复杂，界限模糊、身份模糊、权利义务模糊。在高度不确定性的风险社会里，这种模糊性也成为失业风险、经济风险转移的隐性通道。

非农经济的发展也面临着诸多无形的障碍，结构性效率越来越低。2021 年，我国户籍人口城镇化率为 46. 7%，也就是说我国户籍农民还有 53. 3%，在这个意义上我国是农民社会。我国不再是农业国家，但从社会学意义上仍然是一个农民社会。如果做经济分析的话，我们不能脱离农民社会这个基本国情，必须把经济放在整个社会体系中观察，当前经济的发展，以及新发展格局的构建，都是在一个以农民社会为底色的基础之上，因为供给与需求、可持续发展都深度嵌入了农民社会当中。我国任意一个方面的发展，都是无法摆脱以“户籍农民占大多数”这种人口结构和社会结构制约的。这是一种脆弱的社会结构，将严重拖累经济效率的进一步提高，包括技术创新在内。

如果说市场化改革推动了我国的工业化，带动了资源配置效率的提升，过去多年市场化改革带来的结构效率已经接近天花板，通过市场经济实现的资源配置效率、使用效率也难以进一步提升。结构性改革不可或缺，或者说变得越来越紧迫，因为城乡二元结构、城市化人口的双轨制，妨碍了社会理性的发育和社会文明水准的提高，也阻碍了人力资本

积累的平等化，从而拖累经济发展。

从中央与地方的收支情况来看。收入方面，中央收入占比为45%，地方收入占比为55%，中央收入占比是逐年下降的。支出方面，中央支出占比不到15%，地方占比超过85%，这个比例还在上升，转移支付规模越来越大，接近10万亿元。越来越多的省份依赖于中央转移支付，反映出纵向的国家治理结构的特征，这是通过财政结构体现出来的。85%的资源都是下沉到地方市县乡镇。这与前面谈到的城乡二元结构是相互关联的，这是国家治理结构在财政结构上的一个投影。在二元结构下，不得不持续加大对“三农”的转移支付力度，大量的财政资金向地方政府倾斜，以维持脆弱的社会平衡，其中隐藏的公共风险在日渐加大。地方“小马拉大车”这种治理风险越来越大，加快国家治理结构改革至关重要。

三、以结构性改革推动国家治理结构现代化

基于农民社会大背景，社会转型滞后于经济转型，制约了财政结构的优化，公共资源的配置效率与市场资源的配置效率一同下降。社会转型、市场转型都是嵌入国家治理结构之中的，国家与市场关系的改革极大地促进了经济转型，而国家与社会关系的改革滞后，拖住了社会转型的步伐，社会与市场的关系变得扭曲，经济转型也由此变得越来越艰难，尤其是要素的市场化配置以及与此直接相关的土地制度、金融制度、社保制度等方面的改革难以推进，有愿望和打算（发了文件），但落实不了，一些改革陷入了“转圈圈”的境地。由此不难发现，经济增长放缓下行，与3年新冠肺炎疫情有直接关系，但在趋势上则是内生于国家治理结构。

当前面临的许多结构性问题，不利于构建新发展格局。城乡二元体制是社会转型的枢纽性问题，推动国家治理结构的现代化，必须从城乡二元结构的破解入手。逐步改变城乡二元结构，实际上其中蕴含着三个“二元”，而在这三个“二元”中，社会身份二元是关键，深刻影响着社

会平等和经济平等的互动关系。经济平等和社会平等总是在相互作用，要么是“相生”，要么是“相克”，互不影响的情形是不存在的。从现在的情况来观察，“互克”的作用在加大，结构的扭曲造成资源的错配、人力资本积累差距的扩大，导致经济循环不畅，效率下降。

从农民社会这个背景来观察和分析，不难发现当前的经济改革，不能“头痛医头脚痛医脚”，要辨证施治，从推进社会改革入手，重点抓好国家与社会关系的改革，破除社会身份的不平等和家庭迁徙障碍。以农民市民化为抓手，以结构性改革推进国家治理结构现代化，这样才能真正激发潜在的增长率和提升全要素生产率。

论中国要素型改革的趋势

常修泽　中国宏观经济研究院教授

从市场体系大厦的“钢筋”论起

在新的历史条件下，坚持改革开放，其中一项重要任务就是“深化要素市场化改革”。

2022 年 4 月，我国发布了《关于加快建设全国统一大市场的意见》，旨在建设高标准的市场体系，但引起热议的焦点在于“统”字。因为中国改革开放之前长期实行计划经济，其最大的弊端就是“统”得过多、“统”得过死，所以，我国一见“统”字，就特别敏感，担心计划经济回潮。

如果说，构成市场体系有三大要件：第一，“市场主体是根基”。中国现在有 1.6 亿市场主体，其基础雄厚，我们必须保护好。第二，“要素市场是钢筋”。市场体系里固然有商品市场，但“最硬核”的东西是要素市场，这是中国市场体系的支撑。第三，“三大机制是水泥”。三大机制即市场经济的供需机制、价格机制、竞争机制，这三大机制贯通于整个市场体系之中。

既然“要素市场是钢筋”，那么下一步的改革应该特别关注要素市场化配置改革问题。

一、要素三论：文明因应论、中性范畴论与产权要素三全论

1. 关于要素的“文明因应论”

一般来说，生产要素是经济过程中投入的资源。我们强调的经济过程，按照马克思《资本论》的分析，包括生产过程、流通过程、分配过程和总过程。因此，具体而言，经济过程投入的资源包括生产、流通、分配商品和服务过程中所投入的各种资源。

那么，迄今为止，在经济过程中，我们已经认识到投入哪些资源呢？这个问题的答案需要以大历史观和大格局观来进行考察和探寻。

以大历史观进行考察，生产要素是应人类文明之“运”而生的。与农耕文明相适应，劳动、土地二要素首先出场。英国古典政治经济学创始人，曾任爱尔兰土地测量总监的威廉·配第留下名言：“土地是财富之母，劳动是财富之父。”后来，与工业文明相适应，资本要素横空出世。《资本论》的著者马克思最卓越的贡献就是纵横内外“论资本”。随着工业文明的演进，知识、技术与管理要素作用凸显，马克思提出“科技是生产力”、“管理是乐队指挥”等萌芽思想。中国改革开放以后，党的十五大增列了技术要素；党的十六大增列了管理要素；当代社会随着信息革命爆发，因应数字文明浪潮，数据要素大显身手，成为最新的要素。就这样，劳动、土地、资本、知识、技术、管理和数据七大要素，先后粉墨登场，时间上具有继起性，与人类文明发展阶段相适应。

以大格局观考察，顺应当今之势，上述要素不仅在时间上具有继起性，而且在空间上具有并存性：七大要素在不同领域发挥作用，各显其能。需要指出，把握生产要素的定义应该准确全面，即树立“要素内涵全面观”。例如，土地要素不只是“地面”或“地表”，而且包括地下的矿产资源、地上的森林、草原、江河湖泊和空间等一切自然资源；资本不只包含物质资本，而且包括人力资本；如果我们把管理要素细分，又有一般管理和指挥管理之别，特别是在智能化条件下，一般管理可归之于劳动要素范畴；指挥管理作为决策、指挥并承担风险者，属于企业家

管理要素范畴。简言之，土地要素、资本要素，不可窄化；管理要素不可泛化。

2. 关于要素的“中性范畴论”

根据笔者的研究，当代七大要素按类型区分，可分为三种类型。劳动、知识、技术、管理四要素可归之于人本要素型；土地、资本可归之于物本要素型；数据要素可归之于人与物信息要素混合型。

无论是人本要素型、物本要素型，还是人与物信息要素混合型，作为要素都是工具而已。若问它姓啥，尽管既有“社”又有“资”，但是它既不姓“社”，也不姓“资”，而是属于中性范畴。它就好比是一节节车厢，看它挂在哪个火车头上。若挂在社会主义的火车头上，就为社会主义服务；若挂在资本主义的火车头上，就为资本主义服务。实事求是，即为中性范畴论。

现在争论的焦点在于所谓资本的趋利性。一个时期以来，资本的趋利性成为热议话题，甚至把资本的趋利性作为资本的丑陋之处。其实，这是缺乏理性分析的。

按照市场经济的规律和资本的自身属性，资本确实是趋利的。但笔者认为，资本的趋利性也是一个中性范畴，趋利性本身无所谓丑美，关键在于，是哪种社会条件下的资本。即使同为社会主义条件下的资本，针对每种具体资本，它是如何趋利的？它为谁趋利？趋利之后归于谁？尤其是在中国现阶段趋利性同时引发“资本创造价值”和所谓“资本野蛮生长”的情况下，究竟哪一方面是主流，哪一方面是支流。这些都要具体分析，不可任意贬损。

当然，在市场经济条件下，不排除形形色色的各类企业中，某些微观主体确也存在“资本的不合理趋利”问题，应当加强监管、引导与规范，促其健康发展。但是不应该把支流当成主流，尤其不应该把对资本的极端敌意搬到今天社会主义制度下的资本审视中来。

总之，作为政府决策者、企业家和理论工作者，应正确认识和把握资本的特性和行为规律，但不应该把资本的特性和行为规律等同于资本主义制度的本性和资本主义经济的运行规律。中国确实需要依法对资本实施有效监管，以引导和支持资本的规范和健康发展。

3. 关于“产权要素三全论”

中央明确指出，“经济体制改革必须以完善产权制度和要素市场化配置为重点”。这里，明确提出新阶段“改革两大重点”。那么，要素市场化配置与完善产权制度是什么关系？要素与产权是两个独立但又有交叉的概念：有产权的不都是要素，但是，凡是要素都有自己的产权。在此基础上，提出了“产权要素三全论”。

（1）横向之全：范围全覆盖。产权内涵，不仅包括人们熟悉的物权、债权、股权，还包括自然资源资产产权、环境产权和各种人本要素产权（如知识产权、技术产权、劳动力产权、管理产权）等。

（2）纵向之全：过程全贯通。要素运动的四个过程都贯穿产权。识别确立过程——要素产权界定；使用生产过程——要素产权配置；流通运转过程——要素产权交易；消耗保护过程——要素产权保护。中央相关报告提出“完善产权制度”，在很大程度上就是完善各类要素的产权界定、产权配置、产权交易、产权保护制度。产权均贯通其中。

（3）内核之全：生命全周期。总体来看，产权是生产要素的生命。具体来看，劳权是劳动要素的生命；地权是土地要素的生命；资权是资本要素（股票、债券、非标资本品）的生命；知权、技权是知识与技术要素的生命；数权是数据要素的生命；管权是管理要素的生命。失去产权，要素也就失去生命，徒成一个个空壳而已。

基于上述“产权要素三全论”，可得出结论：要素与产权是形神兼备的一个整体，要素市场化配置实则是产权配置。

二、要素配置市场化“攻坚”的三大逻辑：改革逻辑、经济发展逻辑、人的发展逻辑

1. 改革自身的逻辑：“下半场”攻坚

中国改革经过“上半场”的努力，商品市场已经放开97%，政府控

制的攸关国计民生的重要部分只占3%。商品市场部分大体可以说“轻舟已过万重山”。但是，要素市场的放开比较迟缓。首先，土地、资本领域放开不够，无论是土地的市场化，还是利率的市场化，都是短板；其次，人本要素领域，无论是知识的市场化，还是技术的市场化；无论是劳动力的市场化，还是企业家的市场化，更是短板中的短板。中国改革的“列车”，不可避免地要开到要素的面前。这是改革自身逻辑的贯通使然。

2. 经济发展逻辑：堵点就“堵”在这里

从发展角度来说，近年来国家提出“畅通国内大循环”，但对该问题的理解，一些论者还是停留在商品的自由流通和商品市场的统一化方面。殊不知，中国国内循环不畅的关键堵点就“堵”在要素市场上。不仅物本要素的土地与资本市场处于分割状态，而且作为人本要素的劳动力市场、知识技术市场和企业家市场也处于隔离状态；至于人与物信息混合型的数据市场因其复杂性更没有畅通循环。中国要解决结构性矛盾，构建产业链、供应链、价值链，特别是要推进技术创新，都要靠要素的合理流动，尤其需要挖掘知识、技术、劳动力、管理以及土地、资本的内在潜力。经济发展呼唤要素市场化必须改革攻坚。

3. 人的发展逻辑：建设“人”的现代化强国所必需的

中国改革发展的核心是促进人的全面发展，这是新体制的本质。保护人民的人身权、财产权、人格权。在这里，人民的三权，牵涉的社会面很广泛：劳权涉及劳动者；知识产权涉及知识分子、科研者；技术产权涉及技术工程人员，包括大国工匠 ；管理产权，涉及指挥管理者；至于人与物信息混合型数据要素产权，更涉及公民的各种信息权利及其隐私。

中国现在开启的全面建设社会主义现代化强国，追求的不只是“物”的现代化强国，更是“人”的现代化强国。中国的要素市场化进程，是一场系统、深刻的社会变革。其切入点可先从生产力领域切入，但切入之后，改革的“列车”将会开到生产关系领域，引发生产关系的变革；再深入进去，就不可避免地呼唤上层建筑的变革。这种由生产力—生产关系—上层建筑的系统性改革，必然要求推进人本要素的市场化改革。

三、怎么推进：三类要素配置市场化改革的主要着力点

推进改革的基本思路是从实际出发，按不同类型推，循序渐进地推进改革。大体可分为以下三条线。

1. 人本要素：劳动、知识技术与企业家管理市场的主要着力点

第一个人本要素是劳动，所建市场可称为“劳动力市场”。突出看点是户籍制度改革。从 1958 年开始，中国出现了城市与农村分割以致隔离的二元户籍制度，这种制度是对人的发展的一种阻遏，是劳动力流动的最大掣肘因素。问题的复杂性在于中国的 680 多个大、中、小城市情况各不相同。其中，大城市又分成超大、特大和一般大城市。根据实际情况，城区常住人口 300 万人以下的城市，落户限制全面取消；城区常住人口 300 万至 500 万人 I 型大城市，落户条件全面放宽。一些超大城市可采取“积分入户”的办法。随着户籍制度改革，劳动力才真正流动起来。

另外，关于劳动者技能技术评价，特别是其中的大国工匠。应该为技能人才建立职业技能等级制度。有关部门已经提出《关于健全完善新时代技能人才职业技能等级制度的意见》，由低到高，设立包括技师、高级技师、特级技师、首席技师在内的“新八级制”。建议发扬“不拘一格降人才”的精神，真正为底层的劳动者提供向上流动的通道。

第二个和第三个人本要素是知识与技术，但在建立市场时可以一体化运行。知识技术市场化，最大的看点就是技术人才的职务发明成果的产权落实。此问题一直悬而未决。应将这类知识产权的一部分分配给具体创造该知识产权的技术人员。即分为两部分，一部分为该单位所有，另一部分由技术人员所有。现在，按照改革新趋势，国家已经决定，职务发明成果一部分应该界定给职务发明的科研人员，这就可以调动广大知识分子、技术人员创新的积极性、创造性。

第四个人本要素是管理要素是企业家管理市场。随着社会经济的发展，企业家的特质内涵需要作出新的界定：作为创建企业并担任经营管理职责的指挥者，企业家必须具有“创新”、“情操”、“复合经济人”三合一的特质。这是新时代企业家的重要标志。

当前企业家面临的问题以及客观环境更为复杂。关于解决问题的思路，首先，国企之外的民营企业家应该走向市场；其次，即使国企经营者，也可以在“组织管住资格，严格市场把门”的前提下，建立大框架下的企业家管理市场，然后由董事会从模拟市场上选拔经营者，这终究比“一对一”的行政配置做法更具灵活性。从世界局势和国家战略的高度着眼，中国应该珍惜企业家这样一种“稀缺的要素”，注重发挥这一群体在改革、开放、创新发展中的“乐队指挥”才能，尤其要激发和保护企业家精神，企业家管理市场不可或缺。

2. 物本要素：土地与资本市场化主要着力点

土地要素主要是“三块地”，即农村集体建设用地、农地、宅基地。按照要素市场化改革的思路，“三块地”要逐步放活。农村集体建设用地，改革的着力点是由过去政府征地、政府“招拍挂”改为农民集体自己来“招拍挂”，农民直接进入土地市场。农地主要是推进“三权分置”改革：所有权是集体的，承包权是农户的，承包权和经营权是可以流转的。宅基地，历史沿革颇为复杂，现在也应推进“三权分置”：宅基地所有权是集体的，宅基地资格权是宅基地住户的，看点在于资格权的使用权是可以流转的。“三块地”市场放活后，农民除获得劳动收入以外，还可从“三块地”改革中获得一部分财产性收入，这将大大有利于农民逐步走向期盼的富裕。

至于地下的矿产资源，包括石油、天然气资源等，理论上也属于土地范畴，尤其是乌克兰危机后，石油、天然气资源产业链和价值链更引世人关注。

物本要素中的资本市场，人们比较熟悉，主要是股票、债券等。改革开放以来，中国资本市场有了一定发展，但是仍存在不少问题，例如证券市场运行机制不健全，上市公司质量有待提高；特别是一再宣称的“利率市场化”进展迟缓，资本市场的价格机制和竞争机制改革迄今尚未“破题”。因俄乌冲突影响，全球资本市场异动很大，动荡明显。世界格局的变化和中国经济的深度市场化，都呼唤资本要素的市场化改革刻不容缓。

除标准型资本市场之外，还有非标资本市场，这就是中国的产权交易市场。经过30多年发展，中国已经建立了200多个产权交易市场。据笔者实地调查，现在的产权交易市场已经不仅交易资本，而且还交易土地以及知识技术数据等要素，准确地说，是一种除劳动力和企业家之外的“非标多要素市场”（但不能称“非标全要素市场”），值得各界关注。

3. 人与物信息要素混合型：数据市场化着力点

数据是一个新的要素，也将形成一个新的要素市场。随着信息革命的爆发，数据的价值越发重要。数据市场化的最大看点是数据的产权界定。

其一，谁的权？主体是谁？是被采集者，还是采集者、加工整理者的权？其二，什么权？客体是什么？是数据的所有权、使用权、运营权还是收益权？其三，权利性质是什么？是人身权、人格权还是财产权？其四，国家的数据主权、管辖权如何确定？应建立一整套完整的数据产权的界定、配置、交易和保护体系。更重要的是，数据问题涉及两条高压线：国家安全高压线与个人隐私高压线。

为此，必须确保安全有序流动。在国家安全和个人隐私保护的前提之下，数据如何双轨运作，即属于公共产品性质的信息数据，如何及时地提供给全体社会成员，私人产品性质的信息数据如何有偿转让或交易，以及有偿转让或交易体系中价格如何确定。

总之，数据可能是较复杂的要素之一，尚有许多未知的“必然王国”待我们去发现、去探索。

以数字化畅通双循环

王晓红　中国国际经济交流中心科研信息部副部长

一、我国数字平台发展现状及趋势

1. 跨境电商平台对货物贸易增长支撑作用日益显现，加快提升贸易数字化水平。2020年跨境电商实现货物进出口1.69万亿元，增长31.1%；2021年跨境电商进出口规模1.98万亿元，增长15%；2022年上半年跨境电商增长28.6%。B2B模式不断拓展，交易品种日益丰富，功能日益强大。货物贸易与服务贸易融合发展，形成下一代跨境电商新模式。

2. 数字服务平台不断向专业领域渗透，具有较强国际竞争力。比如，2021年阿里云以9.55%的市场份额位居全球第三，华为云、腾讯云、中国电信、百度云列第六至九位；百度地图覆盖全球60多个国家；福布斯公布的2022年全球区块链50强企业中我国7家企业上榜；加强区块链技术与“一带一路”沿线国家在跨境贸易、数字货币、资格认证等方面应用；支付宝支付、微信支付覆盖50~60个国家和地区；徐工汉云持续推进国际化战略，实现全球设备广泛连接，目前，汉云工业互联网平台连接“一带一路”沿线80个国家和地区，已连接超4万台高价值海外设备。

二、数字平台赋能双循环的体制机制

1. 数字平台是产业生态圈的构建者。一是组织产业生态。平台聚合制造商、供应商、服务商，形成以数据为核心要素、网络协同、共创分享的产业分工模式，携手上下游行业伙伴共创价值，提升产业的资源配置能力、协同发展能力和服务支撑能力。平台为生态圈内的企业提供了发展空间，突破了单个企业依托自身资源对发展能力的束缚，降低中小企业的采购和管理成本。二是解决供需适配性。通过数据、算力、算法实现供需两侧精准对接匹配，提升了供需两侧的信息对称性及产品和服务的适配性。制造企业可以依据平台数据精准判断市场、合理安排产能，准确挖掘新的消费需求研发设计出具有市场前景的新产品和服务，金融机构可以准确掌握用户信用，解决融资需求。三是创造消费增长的“长尾市场”。平台使众多的中小微企业和销路不畅的产品在细分市场中找到空间。企业微信连接用户数超 4 亿。2020 年微信小程序实物商品交易增长 154%，其中商家成交额（GMV）增长 255%，快消品、零售渠道、时尚品牌通过小程序分别增长 490%、254%和 216%。

2. 数字平台是创新生态的重要引领者。一是形成新技术生态。一项新技术往往是通过开放平台聚合了大量研发者和服务提供者，从而形成技术创新生态圈，为新技术的规模化成长提供土壤。二是精准对接制造商与研发设计机构实现全球协同设计创新。三是平台大数据成为制造企业提升产品创新能力的重要依托。

3. 数字平台推动贸易主体转型和普惠贸易发展。跨境电商降低了国际贸易门槛，使中小微、个体广泛参与贸易，尤其是全链路跨境电商有效解决了中小外贸企业订单难、退税难、融资难等痛点和堵点。推动国际贸易由大企业主导、大宗贸易模式向中小企业广泛参与，以及海量品种、碎片化的新模式转变。新冠肺炎疫情暴发以来，阿里国际站帮助 150 万家中小外贸企业实现数字化转型。

4. 超大规模平台成为重要基础设施。比如，微信支付、支付宝支付已经成为数字支付的主要工具，滴滴打车成为网约车的主要服务提供商。

三、面临的问题

1. 国际环境日益恶化，不确定性增大，制约平台企业国际化发展。

其中主要包括地缘政治影响、数字贸易国际规则影响等。

2. 服务业开放不足，影响吸引全球数字技术、人才等创新要素，也对数字企业“走出去”形成制约。当前，我国负面清单限制主要是知识密集型服务业。

3. 关键核心技术缺乏、人才缺口大。高端软件、高端芯片、操作系统等关键核心技术受制于人，95%的高端芯片进口。赛迪研究院和人社部中国就业培训技术指导中心报告显示，到2025年人才缺口分别为：大数据230万、人工智能500万、云计算150万。

4. 数据治理政策体系不完善，导致数据不能开放共享、数据泄露等安全问题凸显。数据产权、交易机制、隐私保护、敏感数据清单等不完善，平台数据资源不能有效开发利用，对企业经营和消费者隐私保护造成较大影响。

5. 监管法律法规不健全。平台垄断、野蛮生长、损害实体经济利益、消费欺诈等问题仍然突出，不断出现互联网金融P2P爆仓、高杠杆率、高利贷、金融诈骗等问题。

6. 对于新业态新模式在准入门槛、支持政策、监管方式等方面缺乏系统的政策设计，如远程医疗等。

四、政策建议

1. 构建面向全球、开放创新的数字产业生态。依托头部企业构建数字产业生态和创新生态。攻克核心关键技术要发挥市场机制作用。发挥平台数据资源整合优势面向实体企业提供服务。打造产业互联网和消费互联网相互衔接的数据系统，形成数据开放共享的机制和数据驱动创新的发展模式。

2. 构建平台数据开放共享的市场化机制。平台数据是核心战略资源，加快健全数据确权、交易、管理、使用、安全评级、分类管理、隐私保护等法律制度，促进平台数据开放共享，构建平台主导的数据产业链。平台则应把数据安全、保护个人隐私放在更重要位置，平台数据要经过脱敏处理、加工后使用。

3. 完善平台与垂直行业融合的体制机制。扩大数字技术应用场景，做大平台规模。提高平台与产业及医疗、教育、文化、政府等公共服务部门的融合渗透能力。

4. 对标高标准数字贸易规则推动制度性开放。数字贸易规则成为国际经贸规则创新变革中最活跃的领域，CPTPP、EPA、USMCA、DEPA等协定从开放、自由、便利、公平、安全等方面对数字贸易提出高标准要求，将成为构建全球数字贸易规则的基础。要继续压缩负面清单扩大知识密集型服务业市场准入，取消外资股比、管理人员国籍等限制，促进自然人流动、数据跨境流动便利化。建设高标准知识产权保护体系，优化“引进来”和“走出去”环境。

5. 高质量共建“数字丝路”推动数字经济国际合作。加强“一带一路”相关国家数字贸易规则标准软联通，共建数字治理体系。通过推动RCEP数字贸易规则实施完善我国数字贸易规则治理体系，为加入CPTPP和DEPA奠定基础。促进东盟、中韩等自贸协定升级，加强与发达经济体签订双边、区域的数字经济伙伴关系协定，开展数字技术研发和标准合作。

6. 定平台责任，完善平台监管体系。做大做强数字平台是参与数字经济时代国际竞争的关键。USMCA纳入了“互联网中介责任认定”规则，明确豁免了网络平台提供者在内容提供者涉及人权以及隐私等非知识产权侵权中承担的连带责任，值得我们借鉴。目前，我国数字平台企业仍处于发展初期，与美国相比，综合实力仍存在较大差距，需不断完善包容性发展机制。

以促进机会公平为结构转型提供强大动力

李　政　辽宁大学经济学院教授

党的二十大报告指出，“从现在起，中国共产党的中心任务就是团结带领全国各族人民全面建成社会主义现代化强国、实现第二个百年奋斗目标，以中国式现代化全面推进中华民族伟大复兴”。中国式现代化是全体人民共同富裕的现代化。共同富裕是中国特色社会主义的本质要求，也是中国史现代化的本质要求。为此，要着力维护和促进社会公平正义，着力促进全体人民共同富裕，坚决防止两极分化。分配制度是促进共同富裕的基础性制度。完善分配制度是增进民生福祉、提高人民生活品质的首要任务，也是扎实推进共同富裕和实现中国式现代化的必然要求。在完善分配制度的顶层设计和各项重点工作中，党的二十大报告特别强调“促进机会公平”，这是对中国特色社会主义分配制度和分配理论的重大创新和发展。机会公平，是中国特色社会主义经济的基本特征和基本要求，是社会主义市场经济的核心要义和独特优势，也是中国式现代化和共同富裕的根本保障与前提条件。

1. 机会公平是社会主义市场经济的核心要义和独特优势。价格机制、供求机制、竞争机制是市场经济的三大机制，其中竞争机制是市场经济的动力机制，也是最基本的运行机制，是核心机制，而竞争则是市场经济的灵魂，是市场经济的效率之源。但竞争在推动经济社会进步的同时，也很可能会带来很多显而易见的问题，如贫富差距日益加大，进而出现阶层固化、阶级分化、社会矛盾激化和政治动荡。在资本主义市场经济条件下，这种趋势是难以逆转的，这些问题是难以避免的，这些矛盾是难以化解的。而在社会主义市场经济条件下，由于建立了公平（竞争）机制，所以才会确保竞争朝着有序的方向发展，使参与竞争的市场主体和全体人民更多享受竞争之利、之福，而免受竞争之害。公平有机会公平、过程公平和结果公平，其中机会公平是社会公平和正义的前提基础，是社会和谐的基本条件，是最大的公平，也是公平的首要标志。没有机会公平就不会有真正的公平，只有虚假的公平，比如说“平均主义”、“马太效应”、“丛林法则”、“弱肉强食”。只有社会主义才追求并促进公平，特别是机会公平。机会公平必然要求，也意味着权利公平、规则公平，即人人都享有平等的权利，在同一规则下参与竞争，让资本和特权都受到有效约束，让竞争从恶性变为良性，从无序变为有序。可见，党的二十大强调促进机会公平，无疑是十分重要的，也是十分及时和必要的。

2. 机会公平是中国式现代化和共同富裕的根本保障及前提条件。机会公平既保障了公平，更保障了效率，是经济增长和发展的深层动力，是做大“蛋糕”并保证分好“蛋糕”的前提与关键，是繁荣富强之基。因为只有确保了机会公平，才可能有过程公平，所有劳动者和市场主体才有了参与竞争、参与创新创业的内生动力，才可能有市场化、法治化、国际化一流营商环境，才能激发保护企业家精神，充分调动广大人民群众创业干事儿的积极性、主动性，最终把“蛋糕”做大。机会公平主要是发展权意义上的公平。联合国《发展权利宣言》指出“发展权是一项不可剥夺的人权，发展机会均等是国家和组成国家的个人的一项特有权利”，“在发展过程中，社会要毫不偏袒地为所有人提供同样的机会”。机会公平主要是指发展机会的公平，也是一种起点公平。如就业创业、接受教育、享受社会福利、参与市场竞争、获得融资与各种公共资源等。机会公平也是程序公平和过程公平，是可能性的公平。机会公平要求社会公开、公正、透明地为所有人和市场主体提供同样的发展自己、贡献社会、创造财富的机会。机会公平意味着无论什么种族、性别、年龄都享受均等的机会，只要是同样的努力，就要受到同样的尊重，只要是同样的业绩，就应该享受同样的待遇，同工同酬，多劳多得。所以机会公平也是客观条件上的公平，机会公平的情况下，一个人和一个组织、市场主体的发展成就只取决于能力大小和努力的程度，而非血统、血缘和身份地位。党的十八大以来，以习近平同志为核心的党中央在促进机会公平方面做了大量卓有成效的工作，解决了很多过去长期没有解决的痼疾和顽疾。比如对资本的制度化约束、对资本无序扩张的规范和遏制、医疗卫生体制改革、乡村振兴与城乡融合发展、基本公共服务均等化的推进、户籍制改革、教育体制改革及基础设施建设等。但是，毋庸讳言，当前社会仍然存在许多机会不平等的现象和问题，这种不平等阻碍了社会的前进，阻碍了生产力的发展，加快促进机会公平是民心所向、大势所趋。其中，就业公平、户籍公平、教育公平、竞争公平是今后要解决的重点。

3. 机会公平并不意味着放弃了那些先天或后天丧失了劳动能力或能力不足的人，更不意味着不重视对残障人士等弱势群体、贫困群众的支持和关爱。恰恰相反，社会应优先提供给这部分群体发展的机会，给他们提供更多公共资源与发展机会，让他们能够获得更多更好的发展机会。

总之，机会公平的精髓是鼓励、支持个人和群体、市场主体去努力追求并实现自己的梦想，并为他们实现梦想创造更加平等的条件。机会公平要求分配公平，同时是公平分配的基础和前提。公平是社会主义之本，机会公平是共同富裕之基。

名家观点综述

一、地缘政治环境下的中国战略

谢伏瞻 全国政协经济委员会副主任

全球经济增长前景不容乐观，短期看，全球经济出现滞胀的可能性大幅增加。中长期看，全球经济将行进在中低速增长轨道。未来3~5年，全球经济增速将维持在3%左右，发达国家与发展中国家仍将保持不同经济增速，不同地区之间的经济增速也会明显分化。

迟福林 中国（海南）改革发展研究院院长

统筹发展与安全的关键在于推动高水平开放。需要主动进口全球优质商品和服务，以开放的主动赢得内需潜力释放的主动；需要更加重视边境内开放，在高水平开放中倒逼深层次市场化改革，促进国内国际市场顺畅联通；需要深度参与全球产业分工与合作，形成“你中有我、我中有你”的更大范围、更高水平的安全发展，在进一步畅通国内国际双循环中补齐产业链供应链创新链的短板。

曲莹璞 中国日报社社长兼总编辑

根据世界货币基金组织最新的预测，随着大多数发达经济体增长放缓，2023年世界经济将面临很大压力，而中国稳健发展，将占全球总增长的30%。一个开放发展、繁荣稳定的中国在世界舞台上将继续发挥稳定器和动力源的重要作用。

吴海龙 中国公共外交协会会长

开放合作是应对西方国家与我国竞争的不二选择。在保持与西方国家合作的同时，要把合作的重心更多放在与新兴经济体和广大发展中国家的合作上。要着力开拓发展中国家的市场，深化与周边国家的合作，充分利用好现有的区域合作机制，并加快推进区域经济一体化进程。

张蕴岭　中国社会科学院学部委员

尽管受到各种因素的影响，特别是新冠肺炎疫情的影响，但从2022年、2023年的情况来看，东亚地区的增长情况和世界其他地区相比还是比较好的。其中很重要的原因是很长时间以来中国经济的高速增长是拉动东亚地区增长的主要力量。中国要成为区域内经济的支撑中心和区域支撑的市场，特别是能为区域经济发展提供市场依托和投资依托。要把中国的深化改革开放和东亚经济区的建造连接起来。

欧渤芊　中日韩合作秘书处秘书长

中日韩三国开放合作是一个必选项。中日韩三国是全球经济发展的引擎。根据秘书处的统计，2021年中日韩三国GDP分列世界第二位、第三位和第十位，经济总量占全球的25.5%；三国贸易额占全球的21.9%，专利申请总量占全世界的50.7%；三国集装箱港口吞吐量占全世界的36.9%。经过20多年的发展，三国合作已成为东北亚地区和平繁荣的稳定器和推动力，是东北亚机制化程度最高、涵盖领域最广、成果最丰富、内生动力最强的地区合作安排。

薛　澜　清华大学苏世民书院院长

地缘政治环境下中国国际科技创新要有大战略。在基础领域，遵循国际科学合作的基本准则，个别国家对研究合作设置障碍，但是总体是比较开放的，应该坚持扩大开放；国防及军用技术领域，独立自主制定中国的国防科技战略，自立自强执行；前沿科技领域，在国际科创中心建设、解决人类共同挑战方面，强化开放合作，在受到打压的领域坚持自立自强；在商业领域科技的应用领域，进一步完善知识产权保护制度，积极参与国际技术标准制定，运用国际规则，反对滥用国家安全条款，解决“卡脖子”问题。

二、以服务贸易为重点的高水平对外开放

海　博　OECD 驻华代表

发达国家服务业增加值占 GDP 三分之二，其中一大部分来源于外资推动。同时 OECD 的数据表明，发达国家服务贸易额占出口增加值 50%以上。

王一鸣　中国国际经济交流中心副理事长

数字贸易占全球服务贸易的比重正在大幅提升，要进一步扩大数字贸易比重。数字技术革命为全球服务贸易发展提供了历史性机遇，推动数字贸易迅猛发展成为国际贸易增长的新引擎。2021 年，中国的数字服务进出口总值达到 3596 亿美元，同比增长 22.3%，占服务贸易的比重达到 43.2%。2021 年中国数字贸易出口占全球的比重仅为 5%，远低于中国货物贸易 13%的比例。

王家强　中国银行研究院资深研究员

围绕服务贸易的双边本地结算、融资、交易风险管理等金融需求的不断加大，要在人民币离岸中心、金融创新等方面提供数字化金融服务。

赵晋平　国务院发展研究中心对外经济研究部原部长

海南自贸港要提前进行数字贸易的压力测试，在电子商务、数字贸易规则、数字要素跨境流动以及数字知识产权等方面，为在全国范围内推进数字要素流动的便利化创造更加有利的条件。

李志坚　广东省社科联副主席

未来国际合作会更加去中心化，数字经济伙伴关系协定新格局下需要研究从货物贸易到服务贸易、数字贸易，特别是数字贸易新框架下重构改革开放新格局。

三、以制度型开放为突出特点的高水平对外开放

朱光耀 财政部原副部长

要进一步压缩外资准入负面清单，实现自贸试验区负面清单制造业条目清零，尽快形成跨境服务贸易负面清单，加速推进中国加入 CPTPP 和数字经济伙伴关系协定的进程。

丰田正和 日本国际经济交流财团主席兼首席执行官

中国可以与其他国家共同推动，通过中、日、美、欧盟多方努力将 CPTPP 联系起来并跟 WTO 挂钩，进一步推动市场开放及规则制定。

黄群慧 中国社会科学院经济研究所所长

制度型开放需要国内自贸区主动对接 WTO 的改革、CPTPP、RCEP 等，并在相关国际贸易规则里提出中国倡议和方案。

四、以 RCEP 为最大抓手的高水平对外开放

郑新立 中国城镇化促进会常务副主席

中国需抓住全球应对通货膨胀机遇，在国内抑制通胀的同时，发挥 RCEP 的积极作用扩大出口。

张燕生 中国国际经济交流中心首席研究员

海南要做好规则、规制、管理、标准等制度型开放的“排头兵”，通过引入外来竞争压力和激活内部改革动力，推动全面深化改革开放试验区建设和落实 DEPA 数字规则先行示范区。

王　胜 中国南海研究院院长

以 RCEP 签订实施为契机，谋划制定深化海南与东盟合作的战略规划。加强双方涉海规模的沟通，阐述好海洋命运共同体的理念，探索建立蓝色伙伴关

系，率先在海南自由贸易港建设一批海洋经济发展示范区。

吴士存　中国—东南亚南海研究中心理事会主席

海南可以充分利用其资源、区位和政策优势，加强和东盟在海洋领域的深度合作，包括南海渔业合作、海洋旅游合作、海洋能源合作、海洋环保合作等。

胡　波　北京大学海洋战略研究中心主任

海南可以在深海开发、大洋保护方面发挥引领作用，探索海洋新兴领域合作，聚焦海洋服务业和高科技，实现弯道超车。

马延昆　香港青年创新创业协会常务副会长

力争将海南打造成为国内企业投资与服务 RCEP 成员国的南方总部或国际投资总部，在港澳总部企业的带动下成为外国企业到国内投资的前沿阵地，更好地发挥海南自由贸易港国内国际双循环的交汇点作用。

第四篇

中国式现代化与高质量发展

抓住重大机遇　推动经济高质量发展

郑新立　中国城镇化促进会常务副主席

党的二十大重申了新时代新的发展目标，到2035年基本实现现代化，21世纪中叶建成富强民主文明和谐美丽的社会主义现代化强国。基本实现现代化的一个重要标准，是人均国内生产总值达到中等发达国家水平。目前中等发达国家人均GDP的下限大体为2万美元，今后14年年均增长速度按1.5%计算，2035年应达到2.46万美元。2021年我国人均GDP为1.25万美元，2035年人均国内生产总值要达到和超过2.46万美元，人均GDP的年均增长速度必须达到5%以上。考虑到人口增长因素，GDP的年均增长速度应不低于5.5%。这是一个硬指标。

从当前的经济增长趋势看，实现第一阶段战略目标的最大障碍是需求不足。2021年底，中央经济工作会议指出，当前中国经济运行面临的主要问题是“需求收缩、供给冲击、预期转弱”。7月28日，中央政治局召开会议，分析上半年经济形势，部署下半年经济工作，提出“宏观政策要在扩大需求上积极作为”。把中央关于扩大需求的部署落到实处，不仅是缓解经济下行压力、实现稳增长的迫切需要，而且是实现第一阶段发展目标的根本举措。从当前国内外经济形势来看，风险与机遇并存。我国经济发展面临着七个难得的重大机遇，紧紧抓住这些机遇，就能化危为机，推动经济实现质的有效提升和量的合理增长。从我国经济发展的所处阶段来看，人均国内生产总值处在世界上中等水平。2021年，美国人均GDP为6.93万美元，为我国的5.5倍。我国人均GDP能够达到美国的1/4，经济总量就有可能赶上和超过美国。这个标志着中美经济势力变化的重要时刻有可能发生在2027年。当我国经济总量超过美国之后，将会在国际上产生重大影响，美国对我国的打压战略或许会转为合作，并将极大地提振中国人民实现未来两步目标的信心。

一、抓住需求收缩之机，在扩大需求上积极作为

我国工业化、城市化的任务还没有完成，扩大需求还有很大空间。改革开放以来，我们既有抑制通货膨胀的成功经历，也积累了解决需求不足的丰富经验。特别是对需求不足问题，应当视为难得的发展机遇，因为扩大需求意味着扩大消费和投资，既有助于提高人民消费水平，又有利于增强经济发展后劲。只要采取综合性对策，重视发挥综合部门的协调作用，扩大需求比抑制通胀容易得多。货币发行是需求的总闸门，扩大需求主要应当发挥货币政策的功能，同时配合以积极的财政政策。与发达国家普遍出现的严重通货膨胀不同，我国不存在通货膨胀问题，我们应采取与其截然相反的宏观调控政策，通过扩大需求，为经济增长注入强大的拉动力。在美国即将陷入经济衰退之际，实现我国经济的强劲增长，需求管理应主要通过强化年度宏观调控来实现。要科学制定年度宏观调控目标，包括经济增长速度、就业、居民收入、物价、财政收支、货币发行、投资总额、消费总额、国际收支等指标，由国务院提交全国人大批准后，作为宏观调控的依据，各有关部门按照职能分工负责实施，形成宏观调控合力。应当看到，由于经济增速连续多年下行，形成巨大下降惯性，改变经济运行态势，需要比正常情况下注入更大拉动力，在扩大需求上需要比正常状态投入更大力度。

新冠肺炎疫情对经济增长造成重大冲击，正是采取了科学精准的预防措施，才尽可能减少防控疫情对经济活动的负面影响。特别是服务业，也在严格防控措施的条件下，千方百计恢复正常的经济活动。

计划经济面临的主要矛盾是需求膨胀，市场经济面临的主要矛盾是需求不足。在社会主义市场经济条件下，只要更好发挥政府的作用，需求不足问题就会迎刃而解。扩大需求，增强经济增长的新动能，既是一场总体

战、综合战，也是一场攻坚战。在党中央的坚强领导下，充分发挥各方面积极性，全国上下共同努力，就一定能完成这一战略任务。

二、抓住发展不平衡不充分矛盾，在供给侧集中发力

当前我国经济结构中存在着四个明显短板：一是农业农村发展滞后于城市；二是社会发展主要是公共服务明显滞后于经济发展；三是生态环境存在着许多亟待解决的问题；四是城市更新面临着繁重任务。只要围绕着解决这四大短板，集中发力，实施供给侧结构改革，就能够把经济增长的巨大潜力释放出来。民间投资在拉动经济增长中举足轻重，民间投资增长速度连续多年下降，近两年稍有回升，但仍处于低迷状态。应当把鼓励民间投资增长作为扩大投资需求的重点，通过增加国有投资带动民间投资增长。要把宏观政策的着力点放在扩大居民消费上，鼓励汽车、住房、旅游、文化、教育等领域消费增长，重点增加医疗、健康、社会保障、社区服务等公共服务业发展。北京几大医院开始实行护理员替代护工制度，就是一个很好的开端。还应继续努力，总结推广上海、青岛对失能半失能老人实行护理保险制度试点的经验，逐步提高养老保险统筹层次，推行医疗保险费用异地报销制度，逐步提高农村医疗保险报销的比例，使全体居民能够共享发展成果。通过城乡融合发展，提高农民收入特别是提高农民财产性收入，现在城乡居民收入比为2.5：1，而城乡居民财产性收入比为11：1，财产性收入差距过大是导致城乡居民收入差距大的重要原因。要通过建立农村集体经营性建设用地入市制度和全国统一的土地市场，增加农民财产性收入，缩小城乡收入差距。通过提高农村居民购买力，使过剩的工业生产能力得以利用。生态环境要抓紧治理黑臭水体、雾霾天气、土地面源污染和固废资源化利用。通过建立生态环保产品的价值补偿机制，把环保产业尽快打造为一大支柱产业。城市更新主要包括老城区改造，城市管廊、海绵城市建设，疏解城市中心区功能，实施城市“郊区化”。上海世博会以“让城市生活更美好”为主题，从城市中心区转移到郊区300多万人，在郊区建立居住区、商贸区、教育区、工业区、休闲区，既改善了

城市居民生活质量，又拉动了郊区发展，这些经验值得学习借鉴。做好以上四件事，不仅可以满足人民对美好生活的需要，而且对扩大内需将起到立竿见影的效果。

三、应对美国技术封锁，激发科技自立自强能力

美国政府对我国实行政治打压、军事围堵和技术封锁，推行产业链去中国化和中美经济脱钩，其目的是打断我国现代化进程，剥夺14亿中国人的发展权，维护其垄断利益。我们同美国之间的斗争是争取生存权、发展权的抗争。我国芯片等“卡脖子”技术产品长期主要依赖进口，国内研发投入严重不足。美国的封锁激发了国内研发投入的积极性，外在压力转变为科技自立自强的强大动力。要按照中央部署，实施新型举国体制，努力攻克技术难关。美国之所以能长期居于全球科技领先地位，一个重要原因是用优厚待遇吸引了全球科技人才。我们要打赢中美科技战，也必须吸引全球人才。要遵照二十大报告要求，努力提高自主培养人才质量，加快建设重要世界人才中心，继续实施科教兴国战略，尽快以自主创新成果补齐产业链短板。要加快发展数字经济、量子技术、新一代互联网、人工智能、生物技术、航天航空、先进制造，加快新型基础设施建设。完善现代能源体系，发展清洁可再生能源，立足我国资源禀赋，实现煤炭清洁高效利用，以甲醇替代石油、天然气，降低对进口能源的依赖，建立成本较低、清洁高效、安全可靠的能源供给体系。

四、优选国外基础设施和资源开发项目，扩大对外投资

发展中国家基础设施落后，严重制约着经济社会发展。我国在基础设施建设方面具有举世无双的竞争力。扩大对国外基础设施投资，可带动建筑材料、施工机械和服务出口，消化国内过剩的工业生产能力，并通过人民币投资和结算，带动人民币国际化。要重点加大对“一带一路”沿线国家基础设施投资，加快与周边国家的互联互通。充分发挥亚投行在对国外基础设施投资中的优选和带动作用，使亚投行成为全球基础设施建设的重

要投融资平台。应允许外国政府和企业发行以财政担保和资产抵押的人民币债券，为基础设施建设项目融资。要加快泛亚铁路中线、西线建设，把孟加拉湾打造成为我国海运第二大通道，扩大同东盟各国的经贸合作，密切中南半岛诸国与国内经济联系。积极推动孟中缅印经济走廊建设。逐步在亚欧大陆形成便捷的铁路、公路、航空运输网络，为亚欧经济合作提供重要支撑。加大对国内短缺资源的海外投资开发力度，优化全球经济布局。通过陆海空运和网络联通，带动贸易投资，促进共同发展，从而打破美国政府对我经济封锁的图谋。

五、抓住美元回流机遇，扩大海外熊猫债发行规模

美国为应对新冠肺炎疫情影响，实行美元量化宽松政策，导致目前严重通货膨胀。为抑制通胀现在又不断提高利率，导致美元升值回流，一些发展中国家出现外汇短缺。此时，允许一些外汇短缺国家发行以主权担保的人民币债券，进口中国商品，偿还到期债务，可帮助这些国家渡过难关，有利于扩大人民币在国际结算和储备货币中的比重，助推人民币国际化。如俄罗斯、阿根廷、斯里兰卡等，在它们遇到困难时施以援手，有助于深化与这些国家的长期经济合作。

六、利用欧洲能源短缺之机，吸引外资补齐国内产业短板

我国每年进口化工产品 2000 多亿美元，特别是精细化工产品缺口大。生产化工产品的原料主要是石油、天然气。由于俄乌战争导致欧洲石油、天然气价格飙升、供给短缺的局面，使一些化工企业难以生存下去。借此机会，吸引欧洲化工企业来我国投资，可弥补我国化工产业缺口。俄乌战争还导致化肥供应短缺，针对欧洲市场需求，引进化肥和生物肥料生产企业，既可满足国内市场需求，又能增加出口。欧洲的化工企业具有先进的生产技术和研发能力。巴斯夫公司做出在中国投资的决策是富有远见的。有关部门、地方和企业应抓住机遇，加大招商引资力度，扩大与欧洲企业的合作，把吸引外资作为振兴我国化工产业的重要举措，筑牢中欧经济合

作的基石，以扩大中欧合作抗御美国封锁。

七、抓住发达国家抑制通胀机遇，积极扩大出口

多年的美元滥发带来发达国家通货膨胀。由于居民收入跟不上物价上涨速度，造成居民生活水平下降，消费者怨气冲天。中国商品物美价廉，扩大对中国商品的进口，是发达国家抑制通胀的一剂“良方”。我们应抓住这个千载难逢的机遇，进一步扩大对陷入通胀危机国家的出口。要充分发挥 RCEP 的作用，利用多边和双边贸易互惠协议，为扩大出口创造有利条件。要发挥跨境电子商务的优势，完善跨境物流基础设施，使发达国家的居民能够坐在家里即可方便地购买中国商品。我国电动汽车经过多年锤炼，已经具有全球竞争力，要支持电动汽车走进全球市场，这既是绿色低碳发展的需要，更是中国高端消费品进入发达国家市场的良机。2022 年上半年，中国汽车出口量超过德国。未来的出口量有可能超过日本，成为世界第一汽车出口国。汽车这个世界第一商品的出口量跃居世界第一，具有标志性意义，这就是中国的出口商品结构已经由劳动密集型和资源密集型为主转变为技术密集型和资本密集型为主，说明凡是发达国家能够做到的事情，中国也能做到，而且做得更好。

在中国式现代化新征程中进一步深化改革

夏德仁　全国政协经济委员会副主任

在党的二十大刚刚闭幕之际，面对复杂多变的国际形势，中国如何通过深化改革开放，实现第二个百年目标，建成社会主义现代化强国这一课题，意义非凡。以下是我对“在中国式现代化新征程中，进一步深化改革开放”的几点不成熟想法：

一、中国式现代化进程对世界的积极影响

当今世界百年未有之大变局的一大特征是，中国作为一个具有14多亿人口的发展中大国，正意气风发走向现代化，到21世纪中叶建成社会主义现代化强国，这是一场人类文明史上前所未有的历史性巨变，将对世界产生深远的影响。首先，14多亿人口国家的现代化对世界人类文明的进步是一个巨大的贡献，到目前为止，世界上实现现代化国家的有30个，总人口不足10亿人，中国式现代化将有近一倍半的人口加入现代化行列，这无疑是对人类文明进步的巨大贡献。其次，中国式现代化摒弃某些国家现代化过程中的“丛林法则”、霸凌主义和不平等竞争，秉持人类命运共同体的理念，走和平发展、合作共赢的道路，促进建设共同繁荣的和谐世界，这种现代化符合世界人民的愿望和人类社会发展的客观规律。最后，随着中国式现代化的不断推进，将会在世界上产生一种新的现代化模式，这种模式将会向更多的发展中国家提供一个新的选择，加快这些国家现代化的进

程。总之，中国式现代化的提出，将会使中国占据国际道义的制高点，能得到越来越多国家的认同与合作。

二、中国式现代化将面临更大挑战

对西方国家来说，中国式现代化是对传统现代化的部分否定，从它们的角度看，如果中国在21世纪中叶建成社会主义现代化强国，那么就意味着中国式现代化将会削弱或动摇以西方为主导的国际秩序，这当然是西方国家所不能接受的。因此，中国式现代化一定会受到来自西方国家的挑战，其实这种挑战在中国加入WTO之后就已开始。前些年，来自西方政界、学界和媒体界“中国威胁论”“中国崩溃论”不绝于耳，近年来，以美国为首的西方国家视中国为“最大的战略竞争对手”，凭借它们的经济、技术、金融、军事上的优势，采取各种手段、不惜任何代价来遏制打压中国，无所不用其极。目的就是不允许中国式现代化顺利实现，以维持现有的国际秩序。对此我们一定要有一个清醒认识，不能抱有任何幻想，做好思想准备，迎接今后更严峻的挑战。

三、以深化改革开放应对中国式现代化面临的挑战

实践证明，改革开放是解决困难矛盾的“关键一招”。面对百年变局、国际国内复杂多变的形势，唯有在中国共产党领导下，坚持走中国特色社会主义道路，坚持改革开放，才能不断增强迈向现代化的内生动力，化解外在压力。

从国内角度来看，要通过深化改革，构建高水平社会主义市场经济体制，破除现代化进程中的体制机制障碍，增强经济的内生动力和活力，同时增强政府调控经济的能力。要通过深化改革推进高标准统一开放、竞争有序的市场体系，扩大国内市场容量，抵消国际贸易战冲击带来的外部需求减少。要通过深化改革，优化发展环境，调动企业和科技人员的积极性和创造性，增强自主创新能力，打破西方国家的技术封锁。14多亿人口的大国，只要有一个好的体制机制，就一定会让创造财富的源泉充分涌流，

让创新智慧竞相迸发。

从国际角度来看，要通过高水平对外开放来应对复杂多变的国际形势。越是在西方国家遏制打压的情况下，中国越是要坚持对外开放的基本国策不动摇，越是要更主动地参与经济全球化，越是要更主动地参与国际竞争，把开放的大门越开越大。要坚持在开放中学习发达国家的先进技术、管理经验和现代化理念，以我为主开展贸易、投资、技术等领域合作；要通过制度性对外开放，增强国内经济与国际经济的相容性。要进一步扩大对外开放范围和领域，以服务贸易为重点建设高水平开放型经济体制。

优化营商环境要进一步走深走实

张军扩　国务院发展研究中心原副主任

在机遇风险并存、不确定难预料因素增多的国内外环境下，最好的应对之策，还是坚定不移做好自己的事情。从经济发展的角度讲，就是要不断优化我国的营商环境，不断增强和提升我国营商环境在全球范围内的竞争力、吸引力。我国发展基础牢固，供给需求优势明显，只要我们的营商环境不断优化，具有更强的竞争力和更大的吸引力，就一定能够形成更强的发展优势，获得更好的发展。

近年来，我国优化营商环境工作虽然成效显著，但客观讲，这些成就主要还是集中在企业投资创业经营活动的“便利化”方面，而在一些与企业发展密切相关的深层次问题上，需要改进的空间依然很大。比如，企业反映比较多的强烈的隐形壁垒和不公平竞争问题、产权保护不力问题、多头执法重复执法问题、新官不理旧账承诺不兑现问题、政策不稳定不透明不可预期问题等。对于企业来说，与办事的“便利化”相比，这些问题可能更加重要、更加根本甚至更加要命。如果说前一阶段的以“便利化”为重点的工作是优化营商环境 1.0 版的话，那么下一阶段以解决这些深层次问题为重点的工作，就是优化营商环境的 2.0 版。

解决深层矛盾，推进优化营商环境走深走实，需要着重从以下三个方面努力。

第一，要进一步巩固和提升我国营商环境的市场化、法治化和国际化水平。市场化、法治化、国际化一直是我国优化营商环境的目标要求，党的二十大报告不仅继续明确这三项要求，而且提出要按照这三项要求营造国际一流的营商环境。

我国实行社会主义市场经济，市场化是应有之义。不过近年来，随着国内外环境、形势的复杂变化，在应对各种风险挑战的过程中，在一些领域出现了不同程度的行政干预增加、市场化力量削弱的“非市场化”迹象。比如，为控制某些重要商品价格上涨，一些地方、部门动辄实施行政干预，甚至直接限价。虽然这样的干预有一定的法规依据，但运用过多甚至成为常态，就会破坏市场调节机制，让价格信号失灵。类似的情况还有不少。我国经济改革的目标，一直强调要让市场在资源配置中起决定性作用，更好发挥政府的作用。无论出于什么原因，如果客观上计划和行政力量增强而市场力量削弱，不仅会产生巨大的挤出效应，也不利于营商环境的优化和市场主体信心的增强，最终也会损害发展的后劲。

法治是最好的营商环境。总体来看，经过多年的不懈努力，我国营商环境的法治化水平已经得到了很大改善，但还存在较大的改善空间。目前市场反映比较多的问题主要集中在两个方面。一是与政府失信相关的问题，包括新官不理旧账、招商承诺不履行、市政工程账款拖欠等；二是司法不公、不作为乱作为等问题，导致市场主体安全得不到保障。这些情况虽然不是普遍现象，但即便只有个别地方个别案例发生，对企业家合法权益保护不到位，导致企业家财产和人身安全受到侵害，也会在企业家群体中产生寒蝉效应，产生很大的负面影响。

在当前国际地缘政治复杂多变、国际产业布局剧烈调整、各国产业竞争更趋激烈的背景下，进一步扩大对外开放、提升我国营商环境国际化水平，显得尤为重要。当前，外商投资下滑的问题尤其值得关注。2022 年前三季度，我国固定资产投资增长 5.9%，可是从分类来看，内资企业投资增长 6.2%，港澳台资企业投资增长 3.8%，而外资企业投资下降 2.9%。这种情况说明，提高营商环境国际化水平、优化外资企业营商环境，不仅具有重要性，也具有紧迫性。近日，国家发改委等六部门发布了《关于以制造业为重点促进外资扩增量稳存量提质量的若干政策措施》，对今后一个时期我国利用外资工作的方向和重点任务提出了要求，做出新的部署。

还特别提出，在做好新冠肺炎疫情防控前提下，便利跨国公司、外商投资企业高管、技术人员及其家属出入境。在二十大结束后不久，六部委出台多项政策支持外资在中国发展，这对外资是一种正面导向，受到外资企业的欢迎。希望能够得到切实落实，创造更好的外商投资环境。

第二，要进一步优化企业发展的政策环境，降低政策风险。政策风险问题是近年来企业反映比较突出的另一个问题，也是今后推进优化营商环境走深走实需要重点关注和解决的问题，主要表现为以下两个方面。

一是政策的稳定性问题。越是在经济环境不稳定的时期，越需要发挥政策的导向作用，稳定企业预期与信心。强调稳定性不是不能调整，而是强调政策调整要尽量避免“急转弯”和“翻烧饼”，特别是对于那些对相关企业的运营环境和竞争力状况影响较大、企业一时难以满足新的政策要求的政策变化，一定要给相关企业满足新的要求留下一个必要的过渡期。对于那些合规经营而单纯由于政策变化而遭受损失的企业，要给予一定的补偿。

二是政策的系统性和综合影响问题。这方面大家讨论比较多的，就是所谓“合成谬误”和“分解谬误”问题。这个问题影响如此之大，引起了党中央的高度关注。2021 年中央经济工作会议公报，专门就“合成谬误”和“分解谬误”问题做出论述。会议指出，经济社会发展是一个相互关联的复杂系统，要防止出现合成谬误，避免局部合理政策叠加起来造成负面效应。还要防止分解谬误，避免把整体任务简单一分了之，更不能层层加码，导致基层难以承受。从系统科学角度看，“合成谬误”的产生，与条块分割的行政体制密切相关。在条块分割体制下，系统性的缺乏具有一定的必然性。因此，解决“合成谬误”、“分解谬误”，根本上来说，需要从解决条块分割的治理体制问题入手。

第三，要注意大的宏观环境、舆论环境的改进。现在有一个值得注意的现象，就是在经济面临下行压力加大的背景下，企业越来越关注宏观的问题，包括地缘政治风险、中美贸易争端，以及疫情防控、房地产及财政金融风险化解等；而政府政策部门的注意力则越来越微观，越来越具体，更加关注房租问题、税费负担问题、贷款问题等。有些企业家表示，企业现在担心的不是融资问题，不是成本问题，也不是某一项信贷政策倾斜、某一种财税优惠，而是宏观环境问题，是政策风险问题。不少企业表示，企业信心和市场信心比优惠政策更重要，而要让大家有信心，出台一些具体的优惠政策虽然是必要的，但是远远不够。如果大的环境改善不大，很多救助支持政策不仅效果会大打折扣，甚至会成为一些企业“躺平”甚至跑路的条件。

另一个值得注意的问题是，尽管我国大政方针并没有改变，也不会改变，但一些重要政策不断被误读，造成不良的社会影响。比如，双循环的政策不断被误读为国内循环，共同富裕的政策不断被误读为劫富济贫，防止资本无序扩张的政策不断被误读为国家要打击资本等。因此，一些重要政策的出台不仅需要充分酝酿，权衡利弊，而且一旦出台，就需要尽快公布细则，充分解读，以避免被误读误解，形成不利的社会舆论环境。

中国式现代化中的双碳目标具有世界发展意义

刘　伟　中国人民大学原校长

党的二十大宣告：从现在起，党的中心任务是实现中国式现代化。以高质量发展推动中国式现代化，用中国式现代化推进中华民族伟大复兴，不仅具有深刻的历史时代意义，而且具有广泛的世界发展意义，我们需要从多方面认识这一意义，其中重要的在于认识其中的碳排放控制的时代意义和世界意义。

未来发展与环境关系的处理就是人类面临的难题，如何破解这一难题对于中国式现代化来说具有更为突出的迫切性和艰巨性。由于中国式现代化的特点之一在于其是世界人口规模最大的发展中国家的现代化，会在根本上改变世界现代化的版图，将当代世界进入现代化的总人口（发达国家总人口占比 16%）扩大一倍以上（中国现在总人口占比 18%）。但其中可能引发的碳排放问题必然成为世界普遍关注的问题。现阶段我国碳排放量达到 101.7 亿吨，占全球总量的 28%（2019 年），居世界首位。如果“十四五”跨越中等收入进入高收入发展阶段，那么 GDP 年均增长率要保持在 5.5%左右，2035 年基本实现现代化，赶上中等发达国家人均国民收入水平，或 GDP 总量较 2020 年翻一番，15 年间 GDP 年均增长率要达到 4.8%以上，2050 年全面建设社会主义现代化强国，人均 GDP 水平赶上发达国家平均水平，或 GDP 总量较 2020 年翻两番，30 年里年均增长率要达到 4.6%以上。若同期碳排放同步增长，那么，全球的能源和环境资源都难以支撑，因此必须根本转变发展方式。

然而控制碳排放实现“双碳”目标，又面临极大压力。一是中国式现代化需要一定的长期较强劲的经济增长，而碳排放与经济增长（GDP总量扩张）相关性强，我国目前二者相关系数高达0.67（2011—2018年）；二是我国现阶段正处于工业化后期加速发展阶段，产业结构与碳排放的相关程度更是高于GDP总量与之的相关性。我国目前为0.71，在我国目前50%以上的能源消耗来自工业制造业，80%的碳排放也来自工业制造业，尤其是电力、钢铁、非金属矿物制品等行业；三是城市是当代世界碳排放的主要力量，据统计，城市占全球GDP80%，能耗67%~76%，碳排放71%~76%。我国现在城市化率已达65%以上，正处于城镇化加速期（30%~70%）；四是碳排放的成本控制约束力度不断上升。我国现阶段生产性碳排放量从百亿吨以上降到90亿~98亿吨，平均每吨碳排放量的影子价格为428元，降到80亿~90亿吨，平均每吨影子价格为4229元（每减少一吨碳排放量GDP的损失）；五是现阶段出口需求是总需求三驾马车中的重要力量，但我国是贸易隐含碳排放的最大净出口国，又是贸易量列首位的商品出口大国，账户中的碳排放量最终出口到其他国家消费或使用，而短期里降低出口和改变贸易结构又受到国际国内多方面条件约束；六是我国能源结构以煤为主，高时曾占80%，现在仍占65%，这是我国能源禀赋决定的，改变这种结构也存在许多困难。

要科学合理有效地处理中国式现代化与“双碳”的关系，必须贯彻新发展理念，落实高质量发展的时代主题，切实在发展中努力实现2020年9月习近平主席提出的“双碳”目标。根据国际能源署的预测，如果中国能够实现所承诺的“双碳”目标，在2030年实现碳达峰，2060年实现碳中和。那么，2035年中国基本实现现代化时，碳排放量会从目前占28%上升至32%，但上升速度会逐渐放缓，到2050年前后全面建成社会主义现代化强国目标达成时，碳排放量占比会降至8.43%。

党的二十大报告列出专题论述和部署中国式现代化过程中人与自然和谐共生，推进绿色发展，体现了对新发展理念的强调和顺从自然、尊重自然、保护自然的文明自觉。这表明中国式现代化不走发达国家历史上先污染后治理的老路，而是坚持边发展边治理的新理念。事实上，不同于发达国家在经济发展水平、人均GDP水平、经济结构演进等均已达到领先发达的程度之后，才开始逐渐把环境保护指标纳入发展的内在约束体系，我国是在仍是发展中国家的时期，就开始将其纳入发展的内在约束性指标体系（在2009年就开始作为约束性指标纳入中长期发展规划）。我们相信，今后在发展上、制度上、政策上会进一步提升处理中国式现代化与碳排放关系的能力和水平，切实以绿色发展的成就，为人类文明新形态的丰富和发展做出中国的特殊贡献。

以加快构建新发展格局推动高质量发展

张占斌　中央党校（国家行政学院）马克思主义学院院长

党的二十大报告重申发展是党执政兴国的第一要务，强调高质量发展是全面建设社会主义现代化国家的首要任务。也就是说，在新发展阶段以中国式现代化全面推进中华民族伟大复兴的首要任务，就是推动高质量发展，就是要加快构建以国内大循环为主体、国内国际双循环相互促进的新发展格局，以加快构建新发展格局推动高质量发展。

一、我国已具备加快构建新发展格局的综合优势

在新中国成立特别是改革开放以来我国取得了一系列发展成就的基础上，新时代十年党和国家事业取得了历史性成就、发生历史性变革，正从经济大国向经济强国迈进，已经具备加快构建新发展格局的综合优势。

一是我国拥有雄厚的经济基础。构建新发展格局，首先要有足够雄厚的经济基础。2010 年开始中国 GDP 稳居世界第二位，2021 年中国 GDP 达到 114. 4 万亿元，相当于美国的 77. 1%，占世界 GDP 比重达到 18. 5%，远远高于日本等世界主要经济体；人均国内生产总值从 2012 年的 6300 美元，提升到 2021 年的 12551 美元，接近高收入国家的门槛。从 2013 年到 2021 年，我国对世界经济增长的平均贡献率达到 38. 6%，是推动世界经济增长的第一动力，成为名副其实的世界经济增长引擎；中国是全世界唯一拥有联合国产业分类中所列全部工业门类的国家，还是制造业、货物贸易、外汇储备第一大国，以及商品消费、外资流入第二大国。我们已经打赢脱贫攻坚战，全面建成小康社会。

二是我国拥有超大规模市场。市场是稀缺资源，大国市场更是全球性稀缺资源。我国已经初步具备依托超大规模市场潜在优势构建新发展格局，以国内大循环吸引全球资源要素，增强国内国际两个市场两种资源联动效应的能力。从总量看，我国人口规模超过14亿人，占世界总人口比重达到18%左右，在封闭的条件下，这么多人口可能就是一种负担，但在开放经济的状态下就成为一个具有比较优势的条件，这也是任何一个国家都无法比拟的独特优势；从结构看，我国拥有超过4亿人的中等收入群体，形成全球最具成长性、最具竞争力的超大规模市场；从趋势看，我国不断深化改革开放，持续改善收入分配结构，持续扩大中等收入群体，到2035年基本实现社会主义现代化时，有可能翻一番达到8亿~9亿人，强大的购买力会持续推进消费转型升级，将形成全球最优质的市场优势。

三是我国拥有丰富的人力资源。当今国际的竞争，归根结底是人才的竞争，构建新发展格局也需要丰富的人力资源。从数量看，根据第七次全国人口普查公报，我国劳动年龄人口规模超过8.9亿人，占总人口比重达到63.4%，其中高中及以上学历人口占比超过30%，我国的“人口红利”仍有较大的发展潜力；从质量看，《中国科技人力资源发展研究报告（2020）》显示，2020年我国科技人力资源总量超过1.1亿人，居世界首位，而且结构不断优化，“人口红利”叠加“人才红利”，展示出更有竞争力的人力资源优势。特别是人才强国战略的实施，有助于形成人才国际竞争的比较优势，加速建设世界重要人才中心和创新高地。

四是我国拥有强劲的发展韧性。构建新发展格局需要有韧性地发展，我国拥有强劲的发展纵深。从城乡看，2021年我国常住人口城镇化率将近65%，户籍人口城镇化率更低，与发达国家动辄80%甚至90%以上的水平相比，我国城镇化仍有较大的发展空间；我国实施乡村振兴战略，乡村发展潜力巨大，现代农业、特色产业、生态旅游、文化寻根等，焕发了乡村发展新活力和城乡互动融合发展潜力。从区域看，区域发展差距持续缩小，中西部地区增速连续多年高于东部地区，2021年中西部地区GDP占全国比重超过43.1%，东部与中部、西部的人均GDP比值分别下降至

1.53、1.68；京津冀、长三角、大湾区、成渝圈等各类生产要素特别是创新要素快速集聚，成为推动高质量发展动力源和引擎。从行业看，制造业成为我国经济基石，大国重器推进了制造强国进程，形成东部地区引领、中部地区承接转移和自主培育、西部地区快速增长、东北地区转型升级的区域协调发展格局，产业集聚集群发展水平加速提升；现代服务业快速发展，服务业跃升为国民经济第一大产业，特别是以“互联网+”为标志的服务业迅猛发展。

二、当前加快构建新发展格局具有突出的紧迫性和针对性

当今世界正经历百年未有之大变局，我国发展环境面临深刻复杂变化，加快构建新发展格局是应对变局、危局和育新局、开新局变化的重要举措，具有突出的紧迫切和针对性。

第一，多年来积累的发展不平衡不充分问题仍然突出。我国经济社会发展取得了巨大发展成就，但多年来也积累了一些不平衡不充分问题，比如推动高质量发展还有许多“瓶颈”，科技创新能力还不强，确保粮食、能源、产业链供应链可靠安全和防范金融风险还需解决许多重大问题，重点领域改革还有不少硬骨头要啃，城乡区域发展和收入分配差距依然较大，群众的就业、教育、医疗、托育、养老、住房等方面面临不少难题，生态环境保护任务依然艰巨等。“人民日益增长的美好生活需要和不平衡不充分发展”已经成为我国社会主要矛盾，亟须加以解决。如此，加快构建新发展格局，加快创新水平能力、推动市场竞争、提高效率效益、挖掘发展潜力，增加有效供给、转换发展动力、提供制度创新等，就是解决不平衡不充分问题的方案。

第二，中美之间战略方面的博弈面临常态化和长期化。自从中国跃居世界第二大经济体，以美国为代表的西方发达国家开始警惕中国的发展，特别是美国将中国列为最重要的竞争对手，单方面挑起中美经贸摩擦，对中国核心关键技术“卡脖子”，试图遏制中国的和平崛起。可以预见未来很长一段时间，中美博弈将进入常态化乃至长期化。我国过去的发展格局

依靠的是经济全球化快速发展，在经济全球化、区域经济一体化的形势下，可以将重点放在国际循环。但现在环境的变化大大出乎我们的意料，经济全球化遭遇逆流，再过度依赖国际循环既不安全，又不具备现实条件。为了适应经济全球化遭遇逆流和中美博弈常态化乃至长期化，我国迫切需要构建新发展格局。

第三，新冠肺炎疫情影响广泛深远。突如其来的新冠肺炎疫情持续3年，病毒变异具有很大的不确定性，统筹疫情防控和经济社会发展面临严峻挑战。一些国家和跨国公司考虑重构产业链供应链，加速了原本正常的、市场化的国际产业转移进程。国际产业转移对我国是一次挑战，我国劳动年龄人口规模庞大、经济下行压力较大，节奏过快的国际产业转移将对稳就业、稳增长带来一定的负向影响；但国际产业转移对我国也是一次机遇，可以借助信息化、数字化、智能化等，推动产业迈向中高端，抢占国际产业的战略制高点。构建新发展格局，要按照维护我国产业链、供应链安全的要求，按照推动我国迈向全球价值链中高端的要求，进行一系列的改革创新。

第四，以俄乌冲突为代表的不稳定性不确定性明显增加。我们希望和平与发展仍然是时代主题，但当下局部冲突、局部战争仍然存在，国际环境日趋复杂，不稳定性不确定性明显增加。以俄乌冲突为例，这不仅使冲突双方面临物资供应匮乏、基本公共服务难以保障的困境，也对全球能源、粮食、金融市场等产生外溢影响。越在不稳定不确定的情况下，越是要专注于自身，构建新发展格局要求以国内大循环为主体，就是以不变应万变，把发展的主动权牢牢掌握在自己手里。当然，专注自身，更加强调国内大循环并不是要也不代表要自我封闭、闭门造车，新发展格局要求国内国际双循环相互促进，实际上对扩大高水平开放，确保国家产业、经济安全提出了更高的要求，这是应对不稳定性不确定性的必然选择。

三、加快构建新发展格局必须把握的几对重大关系

加快构建新发展格局不是权宜之计，是着力推动高质量发展的战略部

署，涉及方方面面，需要把握国际和国内、公有制和非公有制、供给侧和需求侧、发展和安全、政府和市场等几对关系。

第一，把握国际国内两个市场、两种资源的关系。片面强调以国内大循环为主，或者片面强调国际大循环，都是对构建新发展格局的认识误区，要从整体上把握国际国内两个市场、两种资源。一是国内市场和资源是国际市场和资源的重要组成部分，马克思主义的世界市场理论认为，世界市场由所有国家的国内市场综合组成，没有国内市场和资源，也就不存在所谓国际市场和资源，尽管目前经济全球化遭遇逆流，但国际分工、国际贸易、国际投资等仍然会按照一定规律运转。二是国际市场和资源需要国内市场和资源，中国的发展离不开世界，同样世界的发展离不开中国，中国是世界经济增长引擎。三是构建国际国内一体化的市场和资源机制，使国际市场和国内市场充分交融、国际资源和国内资源充分流动，这是构建新发展格局的要义。

第二，把握公有制经济和非公有制经济的关系。毫不动摇巩固和发展公有制经济，毫不动摇鼓励、支持、引导非公有制经济发展，是党对多年来坚持和发展基本经济制度成功经验的高度概括，是中国特色社会主义的制度优势，事关高质量发展的成效。一是避免片面强调公有制经济而忽视非公有制经济。公有制经济的主体地位要体现在公有资产在社会总资产中占优势地位，国有经济的主导作用要体现在对国民经济命脉的控制力、带动力、影响力上，不能简单体现为数量、比例，避免“公有经济进场论”“民营经济离场论”。二是避免片面强调非公有制经济而忽视公有制经济。非公有制经济是最具创新力、探索力、灵活性的经济形式，需要加以鼓励、支持、引导，但不能错误主张“国有经济退出论”“公有经济私有化论”。三是将公有制经济和非公有制经济统一于社会主义市场经济。公有制经济和非公有制经济都是社会主义市场经济的重要组成部分，两者是相互合作、相互促进的关系，各自都有自身的比较优势，统一于社会主义市场经济，共同担负起中国经济成长的重任，发挥各自对社会主义市场经济的积极作用。

第三，把握供给侧和需求侧的关系。供给和需求是构建新发展格局需要考量的重要概念，要把实施扩大内需战略同深化供给侧结构性改革有机结合起来。一是需求牵引供给。构建新发展格局的关键在于畅通经济循环，在各环节中消费需求是指南针，有什么样的消费需求，就会有什么样的生产供给，既要注重数量上又要注重质量上的消费需求，由大规模、高质量的消费需求牵引生产供给。二是供给创造需求。纵览历次工业革命，新的供给都带来了新的需求，我国供给侧低端、低效、错配等问题更为突出，在新一轮科技革命和产业变革下，要通过结构性改革的方式扩大中高端供给、提高供给效率、优化资源配置，由中高端、高效率、合理配置的供给创造需求。三是更高水平的供需动态平衡。供需平衡既是数量上的相对平衡，又是质量上的高水平平衡，更是长期动态平衡，供给侧和需求侧相互促进实现高水平的动态平衡。

第四，把握发展和安全的关系。发展是解决我国一切问题的基础和关键，国家安全是民族复兴的根基，社会稳定是国家强盛的前提，要把握发展和安全的关系。一是把发展作为安全的基础。发展是安全的根基，经济社会存在的一切问题，都需要通过发展来改善、解决，没有发展就没有安全的基础。二是把安全作为发展的保障。安全是发展的条件，国际环境复杂多变，国内也存在少数不稳定因素，对于拥有超过 14 亿人口的大国而言，稳定压倒一切，没有安全就没有发展的保障。三是把发展和安全统一于高质量发展。高质量发展不仅直接表达了发展，还间接表达了安全，既要高质量发展，又要高水平安全。

第五，把握政府和市场的关系。政府和市场的关系，是宏观调控背后的核心问题，也是社会主义市场经济的核心问题。一方面，充分发挥市场在资源配置中的决定性作用。土地、劳动力、资本、技术、数据等要素，要以市场化方式配置，通过加快要素价格市场化改革、健全要素市场运行机制，充分发挥市场在资源配置中的决定性作用。另一方面，更好发挥政府作用。市场存在失灵的现象，切实需要政府担负起重大的历史职责，运用科学的宏观调控加以调整弥补，在注重效率的同时关注公平，更好地构建新发展格局。总之，要构建有效市场和有为政府。

四、加快构建新发展格局必须重视的若干问题

加快构建新发展格局是一项系统性工程，还有许多问题需要加以重视，要用足用好改革开放这个“关键一招”，以加快构建新发展格局推动高质量发展。

一是如何增强国内大循环内生动力和可靠性。以国内大循环为主体意味着国内大循环要承担更为重要的角色，如何挖掘国内大循环的内生动力、如何增强国内大循环的可靠性，是必须重视的问题。国内大循环的内生动力和可靠性主要表现为高水平的自立自强，既要通过自主创新创业实现自立自强，又要维持较高水平的自立自强，特别是把科技自立自强作为国家发展的战略支撑，将创新、协调、绿色、开放、共享的新发展理念贯穿于加快构建新发展格局的全过程、全环节。

二是如何提升国际循环质量和水平。国内国际双循环相互促进意味着国际循环也承担重要角色，如何提升国际循环质量和水平、让国际循环更好服务于国内大循环，是必须重视的问题。提升国际循环质量和水平不是看我们说了多少，而是看我们做了多少。要靠推进高水平对外开放，要在更大范围、更宽领域、更深层次实施对外开放，要稳步扩大规则、规制、管理、标准等制度型开放，要加快建设贸易强国，要推动共建“一带一路”高质量发展，同时要积极参与全球经济治理体系改革，维护多元稳定的国际经济格局和经贸关系。

三是如何建设现代化经济体系。现代化经济体系是一个有机整体，对加快构建新发展格局起着重要作用，要坚持系统思维，更加重视建设现代化经济体系。建设现代化经济体系的重点在于从哪些方面推进，要建设创新引领、协同发展的产业体系，要建设统一开放、竞争有序的市场体系，要建设体现效率、促进公平的收入分配体系，要建设彰显优势、协调联动的城乡区域发展体系，要建设资源节约、环境友好的绿色发展体系，要建设多元平衡、安全高效的全面开放体系，要建设充分发挥市场作用、更好

发挥政府作用的经济体系。

四是如何提高全要素生产率。全要素生产率是高质量发展的重要体现，能否提高全要素生产率，在很大程度上决定着高质量发展的成效。提高全要素生产率的抓手在于要素配置，要通过加快建设全国统一大市场，为要素市场化配置提供便利化，为构建新发展格局提供基础支撑；提高全要素生产率的抓手还在于科技创新，要建立以企业为主体、市场为导向、产学研深度融合的技术创新体系，强化国家战略科技支撑，激发人才创新活力，完善科技创新体制机制。要加快发展数字技术、数字经济，抢占国际产业战略博弈的制高点，促进与实体经济的深度融合，打造更具国际竞争力的产业集群。

五是如何提升产业链供应链韧性和安全水平。在全球产业链供应链重构背景下，构建新发展格局也面临新的挑战，需要从战略高度提升产业链供应链韧性和安全水平。科学评估新冠肺炎疫情、中美博弈、俄乌冲突等对我国产业链供应链韧性和安全的影响，分类制定安全预案；发挥新型举国体制的作用，加强核心关键技术攻关，着力解决一批“卡脖子”问题；实施产业链供应链韧性工程，增强我国在全球产业链供应链重构中的控制力，推动产业链跨国界向当地要素和消费市场延伸；构建国家产业链安全防控体系，加强对外商投资并购、中资企业“走出去”的全程防控和规范服务。

深化营商环境改革　促进高质量发展

马　骏　国务院发展研究中心学术委员会副秘书长

从企业的角度看，营商环境的改革是最直接、效果最显著的改革。围绕企业全生命周期面临的难点、堵点、痛点进行针对性的改革，提高了企业信心，释放了市场活力。过去10年，我国不断深化营商环境的改革，取得了显著成效，在中国的改革开放史上留下非常精彩的一笔。

一、中国高度重视优化营商环境工作，建立了全面推进机制

习近平总书记指出，“营商环境是企业生存的土壤”。2019年出台的《优化营商环境条例》将我国营商环境建设全面纳入制度化法治化轨道，引领和规范了各地各部门优化营商环境工作，是全球范围内首部国家层面优化营商环境的专门性行政法规。更加重要的是，我们全面建立了系统推进的工作机制，各级政府、各个部门设立了领导小组和工作专班，不断评估和改进工作，建立了问题导向、目标导向以及基层探索与顶层设计相结合的科学方法体系，形成千帆竞发、百舸争流的生动局面。

二、持续推进“放管服”改革和不断优化营商环境取得重大成效

“放管服”改革是改革开放历史逻辑的延续与发展。从企业的角度看，改革开放的过程就是“放开搞活”的过程。国有企业从政府行政命令指挥的附属机构转变为独立的市场主体，民营企业从允许个体户发展，到后来1993年颁布《公司法》，再到后来的“两个毫不动摇”，外资企

业从扩大开放，到出台优惠政策招商引资，再到现在制度上与国际接轨，改革开放都在不断释放企业的活力。“放管服”改革优化营商环境也是要释放企业活力，跟改革开放是一脉相承的。党的十八届三中全会提出，经济体制改革的核心问题是重塑政府与市场关系，“放管服”改革就是通过转变政府职能，解决政府职能越位、缺位、错位问题，推动社会主义市场经济体制建设。

营商环境改革10年来取得重大成效。一是壮主体。市场主体规模从2012年的0.5亿户左右增长到2022年的1.6亿户左右，每年大概新增1000万户的市场主体。二是稳就业。市场主体数量大幅增长，成为稳定和扩大就业规模的重要保障。“十三五”时期，我国实现城镇新增就业6564万人，超额完成5000万人的目标任务，城镇登记失业率维持在4.2%以下的较低水平。如果不是年均新增千万级别的市场主体，就不可能实现年均全国新增城镇就业1300多万人以上的目标。三是养税源、扩税基。“十三五”时期，年纳税3亿元以上的重点税源企业增长了38%，新办涉税市场主体累计缴纳税收7.8万亿元，超过同期减税降费总额(7.6万亿元)，相当于总税收增量的42%。四是优结构、畅循环。新创造的市场主体都是小微企业，这些小微企业，极大地丰富了产业链“毛细血管”和市场“神经末梢”，提供海量、优质的新产品新服务，更好满足人民群众个性化、多元化的需求，促进经济循环畅通，提高国民经济整体效能。五是支撑经济运行。新增加的1亿多户市场主体是经济发展的关键增量。1.6亿户市场主体是社会主义经济建设的强大力量，只要充分调动他们的创造性和积极性，就可以从容应对各种挑战。

三、新阶段、新需求，需要进一步推进优化营商环境改革

第一，全国各地营商环境改革都取得了巨大进步，但地区差异依然很大。后进地区可以学习先进地区的做法，但在“改革创新”的主动性方面存在较大差距，如果不解决这些深层次问题，营商环境始终会成为区域协调发展的重要因素。例如，在发达地区碰到新问题，办事人员会

想办法解决问题，没有规则去研究和探索新规则，而落后地区碰到新问题，常常机械地套用旧规则，或者拖着不办。

第二，便利化改革成绩巨大，法治化、国际化营商环境需求更加迫切。一系列调研结果表明，国内外企业对便利化改革的获得感很强，进而对营商环境提出了更高的要求，对解决深层次矛盾的诉求更加强烈。例如一些企业反映，有些地区政府招商引资承诺不兑现、新官不理旧账的问题还没有完全解决；有些部门政策多变，监管“一刀切”，层层加码，损害企业权益；数字经济与实体经济深度融合，数字经济的开放不足已经影响到企业的全球竞争力。这些问题虽然不是每个企业都会碰到的“高频事项”，不像便利化改革那样，但是对相关企业的影响非常大，甚至决定着企业的生存。

第三，一般性营商活动的制度不断完善，但包容创新活动的制度环境需要加强。我国在创新方面正在从“跟跑”向“领跑”转变，目前处于“跟跑、并跑、领跑”三跑并存的阶段，但我们现在还没有建立支持企业创新的制度体系。企业创新是创造性破坏，要破坏旧的产品、服务和商业模式，而当前制度是建立在旧的产业形态之上的，很多情况下难以适应新的产业形态。怎么样能够包容新的产业形态，最关键的是能不能包容风险。我们要实现创新驱动，特别是在数字革命的大趋势下，必须建立起包容创新的改革机制。

探索竞争监管现代化
深化新发展阶段结构性改革

叶光亮　海南大学副校长

一、竞争政策如何促进结构性改革

党的二十大报告强调，加强反垄断和反不正当竞争，破除地方保护和行政性垄断，依法规范和引导资本健康发展。反垄断与竞争政策是公平竞争市场经济制度的重要组成内容，是建设高水平社会主义市场经济体制的制度工具。反垄断对市场主体运用垄断地位排除、限制竞争的行为加以规制，对资本在市场竞争中的扩张行为加以规范和引导，对地方保护与行政性垄断予以破除，从而充分发挥市场在资源配置中的决定性作用，更好发挥政府作用。

我国是世界反垄断三大司法辖区之一，竞争政策具有较为广泛的应用场景和较大的制度潜力。当前，我国经济面临的结构问题包括几个方面：产业结构、区域结构、要素投入结构、经济增长动力结构和收入结构等。通过对垄断和不正当竞争的行为加以规制，反垄断能够在解决上述结构问题、深化结构性改革时发挥重要作用。

1. 竞争政策通过促进创新来推动产业结构调整。产业结构的高质量调整，需要系统推进生产组织创新、技术创新、市场创新，带动产业内技术推广与技术迭代。保障有效率的市场竞争机制，有助于强化企业科技创新主体地位，发挥科技型骨干企业引领支撑作用，营造有利于科技型中小微企业成长的良好环境。一方面，对大企业来说，有效的市场竞争令其面临竞争压力，从而激发其创新潜力；另一方面，对中小企业来说，规范有序的市场竞争使其拥有高效获取经济资源、发挥创新能力、占据市场份额的能力，从而获得发展空间。反垄断与竞争政策保障竞争机制的合理有效运行，促成大企业和中小企业在创新领域各司其职、相互协作，协同推动产业结构调整。

2. 竞争政策通过约束垄断主体和规范行政权力促进区域结构与要素投入结构优化。垄断企业阻碍商品和要素流动的反竞争行为，以及政府对市场竞争不合理的干预，都可能成为地方保护和区域壁垒的来源。反垄断和竞争政策可以降低要素跨区域流动的制度性成本，可以保障企业自主选择生产经营区域的权利。企业因此可以降低经营成本，享受更高质量营商环境。由此，要素投入结构和区域结构因竞争政策的推广而得以优化。

3. 竞争政策通过防止商品市场索取高价、要素市场给付低价来优化收入分配结构和经济增长动力结构。垄断企业具有较强的议价能力，能够通过控制要素市场和商品市场的价格形成机制来牟取并维持高额垄断利润。其在要素市场给付的低价压缩了要素所有者的收入规模，造成收入分配不合理；在商品市场索取的高价限制了消费者的购买能力，使需求对经济增长的积极效应难以释放。竞争政策通过维护竞争性的价格形成机制，保障消费者、工人、中小微企业的经济利益，使之有能力在经济的供给端和需求端发挥作用，从而推动收入结构和经济增长动力结构的优化。

从国际反垄断实践历史来看，不同特征的反垄断与竞争政策也是不同经济体应对经济过热和衰退的经济配套方法，能够起到促进企业发展、推动经济增长的作用。以美国为例，美国在 20 世纪 50 年代反垄断和竞争政策的实施，促成了美国军工技术的发展和推广。20 世纪 80 年代，全球化理论的推广带动包含了市场竞争理论的经贸体系的确立、完善与统一，这使各国普遍制定了竞争友好的经济政策体系，客观上促进了跨国企业低成本进入别国市场。美国的反垄断与竞争政策同时具有一定的政治属性。19 世纪末，美国铁路网快速发展，为美国统一市场的形成奠定基础。市场规模的扩张使大财阀和垄断大企业林立，其为了自身财富的膨胀采取限制产出、压低工人工资的措施。世界第一部反垄断法《谢尔曼法》为保护市场竞争中弱势群体的利益，应运而生。到现在，削弱大企业的垄断势力，保障消费者及劳工权益，也是以新布兰代斯学派为代表的美国反垄断主流的诉求。

二、海南如何发挥竞争政策对结构性改革的作用

海南竞争政策的建设目标是建立“三个体系”，即建立健全统一开放、竞争有序的市场体系，建立以竞争政策为基础更加有效的政策协调体系，建立以反垄断法为基础更加有力的监督执行体系。通过健全《公平竞争审查制度》强化竞争政策基础地位，以及出台包括自贸港公平竞争条例等。公平竞争审查制度在海南呈现了三大特色：一是形成专业化执行体系；二是在全国首先探索实施集中化审查；三是结合智慧监管技术探索数字化监管。以智慧审查为例。在政策文件语料库基础上，运用自然语言识别和语义识别技术，实现自动化的公平竞争机器集中审查（比如，初筛 90%）。运用区块链技术，将某地的公平竞争审查任务交由全国专业人才进行人工复查（复查 10%，节约 90% 人工成本）。审查结果存储于区块链之中，以此保证审查公开、透明、高质量。基于政策数据库，拓展导航式政策智能制定平台。

总之，海南对接高水平开放的经贸规则，需要推动竞争政策建设和“放管服”改革相结合，进而对结构性改革和结构调整发挥积极作用。

以改革推动中国西部高质量发展

刘以雷　中国（深圳）综合开发研究院首席顾问

党的二十大作出了重要判断，即“未来五年是全面建设社会主义现代化国家开局起步的关键时期”。在这一阶段，高质量发展是全面建设社会主义现代化国家的首要任务，是我国向全面现代化迈进的核心主题。高质量的发展离不开重点区、深水区的改革广度与深度，既要坚持社会主义市场经济的改革方向，加强改革顶层设计；也要坚持一切从实际出发，敢于突进深水区，啃硬骨头，冲破思想观念束缚，破除各方面体制机制弊端，建立并完善基础性制度框架。这一点对于西部高质量发展具有重大现实意义。特别是在当前复杂多变的国际国内环境以及由此带来的种种挑战和冲击下，我国西部地区缺乏内生性高质量发展要素和动力策源的“短板”更加凸显。因此，统一认识，以改革实招破解我国西部高质量发展难题必要且紧迫。

一、我国西部经济高质量发展取得的新突破

党的十八大以来，西部地区在国家区域重大战略和西部大开发政策体系支持下，积极承接东部地区的产业转移，加快发展战略性新兴产业、高技术产业及特色优势产业，不断推动改革走深走实，取得了调整结构与转变方式并举、转型升级与动能转换并举、增量扩面与提质增效并举的显著成效。

根据国家统计局公布的数据来看，在经济总量上，西部地区 GDP 规

模增长了 2.25 倍，从 2012 年的 10.64 万亿元提升至 23.97 万亿元，占全国 GDP 的比重由 19.8%上升到 21.15%，增加了 1.35 个百分点。在创新培育上，西部地区高新企业数量从 2012 年的 2940 家增加至 2020 年的 28236 家，增加了 25296 家，创新型产业集群达到 19 个，略低于中部地区的 21 个。同时，目前西部地区先后设立了 6 个国家级新区，5 个自贸试验区，占全国国家级新区总数的 31.6%，占全国自贸试验区总数的 27.8%；先后建立了国家级经济技术开发区 45 个，国家级高新技术产业开发区 39 个。不难看出，在全面深化改革进程中，西部地区形成了较好的高质量发展根基，形成了领域更宽、起点更高、视野更广、思路更新、布局更优的五大变化。

此外，西部地区的基础设施条件明显改善，公共服务与东部和中部的差距逐步缩小，产业协作及关联配套服务逐步改善，建成了一批国家重要的能源基地、装备制造业基地和战略性新兴产业基地，金融服务、现代物流、电子商务、大数据、会展服务等服务业加快发展，以文化旅游、健康养生、娱乐休闲等功能为核心的旅游康养产业加快发展，产业规模不断扩大，多数西部省（区、市）服务业占地区生产总值的比重逐年提升，在某些高端制造行业和服务领域具备较强的竞争优势，部分传统产业正经历智能化、数字化、绿色化改造，焕发出新的蓬勃生机与发展活力，进一步增强了我国发展战略的回旋空间。

二、我国西部地区高质量发展面临的新挑战

在新的时代坐标下，推进西部的高质量发展，事关大局、事关长远。目前西部地区经济社会的主要矛盾和发展阶段既有与全国共性一致的地方，也有自己的许多“瓶颈”。

1. 高质量发展的内生动力还不足

一是投资政策依赖性较强，制造业和民营经济投资增速相对不足。其较高的投资增速主要来自以“铁公基”为代表的基建投资，以市场力量为主体的制造业投资。民营投资增长动力支撑不足，近年来受多种因

素影响，固定资产投资增速较以前明显放缓。

二是经济发展效益效率相对较低。西部绝大多数省份的全社会劳动生产率低于全国同期值，且西部的工业企业利润率相对偏低，半数的西部省（区、市）的规模以上工业企业成本费用利润率和单位产值利润率低于同期全国性均值。

三是新兴产业发展相对不足。新兴产业是未来支撑区域发展的主导产业和自主产业，在全球经济进入深度调整的背景下，数字经济、共享经济、产业科技正在加速重塑传统产业形态，推动产业区域结构、产业链、价值链重新组合。近年来，尽管西部新兴产业发展取得较大突破，但受制于多重因素，西部地区的新兴产业规模相对较小、数字经济发展相对不足，难以承担起保持经济高质量发展的重担。

2. 创新驱动的支撑力还不强

一是从科研经费投入看，西部各省（区、市）的科研经费投入总额和投入强度均相对较低，全国研究与试验发展（R&D）经费投入超过1000亿元的6个省（市）（广东、江苏、北京、浙江、上海、山东）均在东部地区，西部地区的四川进入全国排名前十位，陕西、重庆和云南等进入前二十位，有7个西部省（区、市）在全国排在后十位。

二是从企业科研经费投入看，西部各省（区、市）企业的科研经费投入强度总体上偏低，相互之间差距大。在全国排名后十位中有6个省（区、市）在西部，多数西部省份科研经费投入不到江苏、浙江和广东等全国排名前三位的一半。企业科研经费投入不足与西部企业的创始人、高层管理人员的开拓创新意识，以及企业经济实力、企业类型与创新型人力资源缺乏、创新制度环境建设相对滞后等紧密相关。

三是从创新要素和劳动力结构看，受区位条件、科技研发平台、经济基础、基础设施、公共服务、营商环境等方面差距的影响，与东部和中部地区相比，西部的科技创新资源要素相对不足。同时，由于经济发展程度或者产业结构的提升程度相对滞后于劳动力素质结构的提升速度，或者说是经济制度并未能为劳动力提供足够的激励，高层次人才和高素质劳动力总体数量和占全部劳动力比例均相对较低。

3. 产业链与产业升级难度还较大

近年来，尽管西部各省（区、市）主动承接国内外的产业转移，实现了产业链和产业结构的优化升级，但是高附加值产品竞争力不强的问题依然存在。除四川、陕西、重庆等省市外，西部大部分地区产业配套并不完善，资源基础、产业基础、区位条件各不相同，培育优质产业的能力和成效参差不齐，难以形成规模化承接中高端产业合作的条件。同时，以资源型产业或劳动密集型产业为主的产业结构，在国内国际正面因素与负面因素相互交织的影响下，进一步弱化了产业政策对培育产业新动能的有效性。这种转型的坎坷、调整的阵痛可能会持续性地叠加存在。

4. 营商环境有待进一步改善

良好的营商环境与完善的制度体系，是推动和保障高质量发展的先决条件和基础支撑。在这方面，西部各省（区、市）仍然存在不少体制机制障碍，例如，一些地区的经济政策更偏向鼓励生产而非鼓励创新，更偏向促进数量扩张而非质量提升；政府绩效考核体系不尽合理，在创新驱动、资源环境、民生改善、结构优化等方面的约束力度不强。同时，西南地区的营商环境总体上好于西北地区，在制度"软实力"上区域内部的分化特征逐渐明显。《中国营商环境指数蓝皮书2022》的数据显示，指数得分前100位的城市中，西南地区有8个城市上榜，而其他西部城市营商环境指数得分普遍处于中下游水平。

三、推进我国西部地区高质量发展的着力点

基于上述的困难与挑战，推进西部高质量持续发展，根本动力仍然是全面深化改革，要用改革的办法来解决，护住稳定经济的基本盘，在改革与发展的动态视域下化解内外部矛盾、抵御经济下行压力及冲击。具体来说，需要在以下几个方面下功夫。

1. 统一改革认识，筑牢高质量发展思想基础

习近平总书记要求“必须完整、准确、全面贯彻新发展理念，坚持社会主义市场经济改革方向，坚持高水平对外开放，加快构建以国内大循环为主体、国内国际双循环相互促进的新发展格局”是西部地区高质量发展的出发点和落脚点，核心问题是要处理好政府和市场的关系，要遵循市场经济一般规律，使市场在资源配置中起决定性作用和更好地发挥政府作用，着力解决市场体系不完善、政府干预过多和监管不到位的问题，全面激发市场活力。以高质量发展推动西部地区现代化的实现。强化改革顶层设计，以“抓重点、补短板、强弱项”为切入点，推动西部经济发展质量变革、效率变革、动力变革。推动西部大开发形成新格局，促进西部地区经济发展与人口、资源、环境相协调，实现更高质量、更高效率、更加公平、更可持续发展。促进实现不同类型地区互补发展、东西双向开放协同并进、民族边疆地区繁荣安全稳固、人与自然和谐共生的局面。

2. 深化体制机制改革，建立高质量发展制度基础

深化体制机制改革，是构建高水平社会主义市场经济体制的重要基础和保障，是激发各类市场主体和要素活力的关键。没有西部地区高质量发展的体制机制，就不可能有西部地区的真正高质量发展，因此，一方面要以制度框架的不断完善推动资源配置，依据市场规则、市场价格、市场竞争实现效率最大化和效率最优化；另一方面，要着力建立开放、包容、创新的软环境，以更加开放、更加公平、更加公正、更加有序、更加便利的市场体系和秩序，加快形成企业自主经营、公平竞争，消费者自由选择、自主消费的局面，商品和要素自由流动、平等交换的现代市场体系，增强创新发展的动力，充分发挥西部市场规模优势和集聚效应。

3. 深化供给侧结构性改革，优化高质量发展的生产力布局

通过深化供给侧结构性改革，以提高发展质量和效益为中心，强化

有效制度供给、有效政策供给、有效技术供给，推动西部生产力布局调优，提升经济增长从数量增长转向效益增长，增强经济发展韧性。在调整生产力布局和平衡西部发展这方面，主要涉及企业跨地区投资、产业跨地区布局、人才跨地区流动、创新要素跨地区配置，要从生产力要素、各种生产活动以及生产组织的错位互补、协同融合下功夫，进一步凝聚经济高质量发展的合力，跨越发展关口，与全国同步实现经济高质量发展同频共振。

4. 完善区域协同创新体系，增强高质量发展的创新支撑

创新是发展的核心和灵魂，创新是推动产业升级、产业高级化的重要动力支撑，新业态、新产业、新经济的培育发展与创新紧密相关。创新驱动与核心技术突破是经济高质量发展的基石，提升核心技术创新能力有利于推动产业高质量发展。对于西部来说，单靠承接产业转移、加大政府投资推动经济的发展模式，已经难以实现可持续稳定较快发展，更难以实现经济高质量发展目的。因此，西部各省（区、市）应构建开发性区域协同创新体系，加快推动从要素驱动向创新驱动转换。

一是尽快健全有利于科技创新人才向企业流动的体制政策环境，激发创新主体活力，推动创新要素向企业集聚，运用市场化机制激励企业创新，鼓励领军企业组建创新联合体。积极构建“产学研”相结合的科技创新体系，支持企业建设研发、试验等公共服务平台，开展协同创新，增强企业创新发展能力。

二是围绕产业链部署创新链，建立起以企业为主体、市场为导向、“产学研”深度融合的技术创新体系。西部地区应围绕新一代信息技术、人工智能、区块链等领域，构建以企业为主导，以市场需求为导向，整合政府、重点企业、高等院校和科研院所等各类创新要素，构建创新资源共享机制，探索创新技术合作模式，完善“产学研”合作制度，形成创新驱动发展的持续动力。

三是完善创新驱动发展的制度，促进创新要素自由流动。良好的创新生态包含知识产权保护制度、科技创新激励机制、科技创新税收激励

政策等，应加大对科技创新成果的保护和支持力度，引导形成良好的鼓励、尊重、保护好创新成果的社会环境，使创新主体能得到合理回报，最大限度激发全社会创新活力。

5. 构建高能级现代产业体系，提升高质量发展持续动能

构建现代产业体系是当前和未来相当长时期内的经济工作的重中之重。党的二十大报告中提出，“坚持把发展经济的着力点放在实体经济上，推进新型工业化，加快建设制造强国、质量强国、航天强国、交通强国、网络强国、数字中国。实施产业基础再造工程和重大技术装备攻关工程，支持专精特新企业发展，推动制造业高端化、智能化、绿色化发展”。为此，下一步，西部各省（区、市）应以制造业高质量发展为核心，加快发展生产性服务业，培育新业态、新产业，着力构建高能级现代产业体系，为高质量发展提供动力支撑。

西部地区应充分利用自身的发展基础和丰富多样的特色资源禀赋优势、在“一带一路”上和西部陆海新通道的区位优势上，聚力推动产业基础高级化、产业链现代化，加快培育发展电子信息、汽车制造、高端装备制造等世界级产业集群，培育发展生物医药、新能源、新材料、绿色环保等战略性新兴产业集群，形成高质量发展的基础支撑。以制造业数字化、网络化、智能化为核心推动生产方式升级。以制造服务业高质量发展为导向，促进制造业和生产性服务业深度融合，推动生产性服务业向专业化和价值链高端延伸，促进制造服务业与制造业形成相互支撑、相互需求的紧密关系，最终实现制造服务业成为推动高质量发展的重要力量。

第五篇

中国—东盟全面战略合作中的海南自由贸易港

为构建更为紧密的中国—东盟全面战略伙伴关系贡献力量

史忠俊　中国—东盟中心秘书长

中国与东盟山水相依、心手相连，各个领域友好交流与务实合作成果丰硕。2021 年 11 月，在中国东盟建立对话关系 30 周年纪念峰会上，习近平主席与东盟领导人共同宣布建立全面战略伙伴关系，对于中国—东盟关系的发展具有里程碑意义。一年来，中国与东盟携手共进，克服新冠肺炎疫情挑战，加速推动经济社会复苏，深入开展各领域交流合作，不断夯实双方友好的民意基础，全面战略伙伴关系起步有力、开局良好。

在当前国际形势下，中国与东盟关系的战略性和全局性更趋凸显，已成为亚太地区乃至全球维护稳定、促进发展的重要力量。中国东盟关系之所以能历经时局考验，取得日新月异的发展，离不开我们不忘初心、始终坚持的基本原则，这既是 30 多年来双方关系发展的宝贵经验，也是全面战略伙伴关系的应有之义。

我们坚持相互尊重。中国、东盟国家国情各不相同。我们欣赏彼此的多样性，尊重各自自主选择政治制度和发展道路的权利。同时，我们始终坚持东盟在区域合作中的中心地位，尊重协商一致、照顾各方舒适度的东盟方式，既成就了各国发展繁荣，也促进了地区团结合作。

我们坚持发展优先。为人民创造更加富足、美好的生活，是中国和东盟各国的共同追求。在这一愿景的指引下，中国和东盟各国始终把发展放在首要位置，重视双方发展战略对接，视彼此发展为机遇，共同创造了亚洲经济腾飞的发展奇迹。尤其是在疫情之下，中国和东盟各国率先步入复苏轨道，成为全球经济增长的重要引擎。

我们坚持互利合作。务实合作是中国—东盟关系的“推动器”“压舱石”。从中老铁路、雅万高铁等互联互通项目，到数字经济、绿色经济等新领域合作，双方不断拓展合作新动能，实现高水平互利共赢。如今，中国与东盟已互为最大贸易伙伴，双方直接投资额累计超过3100亿美元，双方产业链、供应链、价值链深度融合，树立了互利合作的典范。

我们坚持开放包容。从2002年建设中国—东盟自由贸易区进程正式启动，到2010年自贸区全面建成，中国与东盟始终高举自由贸易旗帜，以自由贸易推动区域经济一体化，打造亚洲开放的热土、发展的高地。由东盟发起、亚太地区15个国家签署的《区域全面经济伙伴关系协定》（RCEP）于2022年1月1日正式生效，为深受保护主义回潮困扰的世界贸易注入了一针“强心剂”，也以实际行动维护全球市场的自由开放，以包容的多边主义应对各类“排他性安排”的冲击。

海南省是中国最大的经济特区、最大的自由贸易试验区和唯一的中国特色自由贸易港，是中国面向太平洋和印度洋地区的重要开放门户。依托有利的政策优势和地缘条件，海南自贸港既可以从中国—东盟经贸合作成果中汲取力量，也将为中国—东盟经贸关系不断发展注入新的活力。

新形势下，希望海南省积极对接国际高水平经贸规则，充分发挥自身地缘优势和海南自贸港、中国—东盟自贸协定、RCEP等叠加优势，解放思想、大胆创新，高质量高标准推进自由贸易港建设，为构建更为紧密的中国—东盟全面战略伙伴关系贡献力量。对此，我有几点想法愿与大家分享：

一是充分利用中国—东盟自贸区、RCEP和海南自贸港“三零”关税政策优势，择优发展货物贸易。有机构建国内、中国—东盟自贸区及区域外三元供应链，最大限度降低生产成本，实现利益最大化；积极考虑发展生态环保、生物制药、新能源智能汽车等海南优势产品和产业，努力打造南下进出口货物贸易中转基地。

二是充分利用服务业开放相关政策，着力发展跨境服务贸易。可考虑重点发展仓储、运输、全球结算、保险、贸易融资等与货物贸易有关的服务业，设计、研发、知识产权使用等与高端制造有关的服务业，开发康养、医疗、旅游、游艇等海南特色服务业。

三是充分利用电子商务相关政策，大力营造国内领先的电子商务生态。一方面根据《海南自由贸易港建设总体方案》的规划，争取在数据安全有序流动方面有所推进；另一方面积极培育在线教育、在线医疗、在线咨询、网上交易会等数字经济新业态。

四是充分利用贸易投资便利化的相关政策导向，打造国际一流营商环境。对标 RCEP 的通关政策要求，进一步提升通关效率；参考 RCEP 规定，结合海南实际，制定有关知识产权保护和竞争政策的实施细则；建立和完善争端解决机制、仲裁体制等法律体系，提供优质高效的商事法律服务。

当前，中国和东盟关系正站在新的历史起点上，面临前所未有的发展机遇。海南自由贸易港在中国—东盟全面战略合作中大有可为、前景广阔。作为中国和东盟 10 国共同成立的政府间国际组织，中国—东盟中心愿发挥桥梁纽带作用，助力海南与东盟各国加强交流与合作。“潮平两岸阔，风正一帆悬。”让我们共同努力，推动中国—东盟全面战略伙伴关系顺风扬帆、行稳致远。

打造中国与东盟市场的重要交汇点

迟福林　中国（海南）改革发展研究院院长

当前，面对全球发展与冲突的突出矛盾，面对多种全球性危机叠加的严峻挑战，中国与东盟面临着如何在一个更加不确定、不稳定的世界中谋求发展的重大任务。在这个特定背景下，加快海南自由贸易港建设，要充分利用其独特地理区位与高水平开放政策优势，适应大势、主动有为，尽快成为中国与东盟市场的重要交汇点，在服务 RCEP、促进中国与东盟全面战略合作中发挥重要枢纽作用。

一、如何以“总部基地”建设为抓手打造中国与东盟市场的重要交汇点?

1. 主动适应全球及我国投资合作大趋势加强与东盟交流合作。一方面，东盟已成为全球投资者关注的重点。2016—2021 年，在全球直接投资下降 22.6%的情况下，东盟吸引外资额年均增长 9.1%，占世界的比重由 5.5%上升至 11.1%。另一方面，东盟已成为中国对外投资的重点。2016—2021 年，中国对东盟直接投资额年均增长 6.4%，成为东盟第二大外资来源国。有调查数据显示，56%的中国受访企业正计划进入东盟市场；60%的企业有意愿在未来 12 个月扩大与东盟的投资合作。海南自由贸易港要适应全球与我国投资合作大势，在加强与东盟交流合作中发挥不可替代的特殊作用。

2. 海南自由贸易港有条件成为中国与东盟市场的重要交汇点。区位优势与开放优势的叠加，使海南自由贸易港在连接中国与东盟两个最具活力和增长潜力的市场中扮演特殊角色。一是在服务促进中国企业进入东盟投资合作中，助力东盟企业开拓中国大市场；二是在促进中国与东盟商品要素双向流动与高效配置中，实现产业链供应链更深层次的对接合作；三是发挥海南自由贸易港单向开放的灵活性、主动性，在推进 RCEP 规则先行落地中引领中国与东盟市场规则对接和更高水平开放合作进程。

3. 关键在于发挥企业主体作用建立中国企业投资东盟的“总部基地”。2022 年 3 月，我提出了打造两个“总部基地”的相关建议，即建设国内企业进入东盟投资合作的“总部基地”；建设以东盟国家企业为主体的面向中国大市场的“总部基地”。现在看，发挥海南自由贸易港在连接中国与东盟市场交汇点的角色作用，首要在于打造国内企业到东盟投资的“总部基地”。为什么？其一，市场连接的主体是企业，重点是产业链供应链的整合优化；其二，从国际自由贸易港成功经验看，总部企业在促进产业链供应链调整布局中居于核心地位；其三，有条件，更有需求。面对全球经济动荡不安的新形势，国内制造业、旅游业、农业、数字经济等领域的企业以海南自由贸易港为总部基地，到东盟国家投资布局，有相当大的现实需求。

二、如何适应“总部基地”建设需求形成具有吸引力的市场环境？

1. 从短期看，要加快实现自由贸易港政策与 RCEP 的叠加放大。其一，有利于企业“走出去”的政策要尽快全面落地。例如，全面落实“两个 15%”的所得税政策；进一步放宽企业对外投资限制，促进“新增境外直接投资取得的所得免征企业所得税”政策惠及更多企业。其二，推进 RCEP 规则先行落地，并在同新加坡、印尼、越南等国家更高水平的双边合作中，促进引领中国东盟市场规则衔接。其三，做好RCEP 与自由贸易港政策的集成。例如，做好RCEP“零关税”与海南自由贸易港“零关税”政策的集成，形成促进商品要素流动中的政策优势；做好 RCEP 原产地规则与海南自由贸易港加工增值政策的集成，使其更有利于中国与东盟企业开展产业链供应链的区域布局。

2. 从中期看，要处理好“一线”与“二线”的关系。这是当前需要重点研究解决的重大问题，其核心在于能否形成“积极放、高效管”的封关运作格局。这需要按着有利于内地企业自由便利进入海南自由贸易港的实际需求，谋划“二线”制度安排；需要以“一线”放开形成国内企业在海南自由贸易港设立投资东盟总部基地的竞争力与吸引力。例如，按着自由便利的要求，明确海南自由贸易港内企业对外投资管理制度、金融支持、税收政策等制度；借鉴新加坡、中国香港等成功经验，完善企业双向投资合作、促进总部企业吸引集聚的法规；适应需求务实推进金融市场开放，明显提升跨境资金流动自由便利的水平。

3. 从长期看，重在打造与“总部基地”相适应的国际化服务体系。建设“总部基地”，政策是基础，服务是核心。从国际经验看，发达的金融、法律、会计、认证等配套服务体系是“总部基地”建设的重要支撑。例如，2020 年，新加坡专业服务业增加值占其服务业增加值的 15%，仅次于批发、交通运输及金融服务业；香港金融业占比 22.4%，全球 100 家规模最大的银行中，78 家在香港设立机构；新加坡与香港属于全球 5 大首选仲裁地。客观看，服务标准、服务人才、服务平台建设与自由贸易港建设不相适应已成为打造“总部基地”的突出掣肘。这关键在于以制度型开放促进服务贸易发展。例如，以建立面向东盟的区域性金融市场为重点提升海南自由贸易港金融服务能力；以建立与国际接轨的多元化商事纠纷解决机制为重点完善司法服务体系；以规则与标准对接为重点加强会计审计、信用评级、投资咨询等国际化专业化服务供给水平。

三、如何以“总部基地”建设为导向实现琼港合作的实质性突破?

1. 琼港合作既能明显加快“总部基地”建设，又有现实可行性。总的看，琼港合作将实现地缘优势与发展优势的叠加放大。2020 年，香港与东盟贸易额 1607 亿美元，东盟是香港的第二大贸易伙伴，香港是东盟的第三大直接投资来源地；已有逾 80 家总部设于东盟地区的企业在香港交易所上市，在非东盟股票市场中居于首位。与此同时，随着香港综合成本高、发展空间受限等因素制约，产业发展后劲不足的矛盾逐步凸显。2010—2020 年，香港服务贸易额下降了 31%。海南 3.5 万平方公里的土地面积，将为香港延伸产业链供应链、更深融入国家发展大局提供巨大空间，也将明显提升海南对中国企业投资东盟的服务促进能力。

2. 立足现实，吸引在港央企带头在海南自由贸易港设立总部。截至 2020 年底，我国央企海外资产规模约 8 万亿元，其中在港央企资产达到 3.8 万亿元，占比 47.5%。建议吸引在港央企和国内企业带头，开展对海南自由贸易港的投资，并支持其在海南设立与香港功能互补的总部基地。例如，利用香港金融开放与国际网络发达等优势，重点发展资金管理、研发设计、对外营销等总部功能；依托海南充裕的土地资源和距离东南亚最近的优势，支持在港央企在海南设立中高端加工、销售、交易、运输等总部基地。

3. 尽快实现海南自由贸易港产业链与香港金融服务链的融合。在海南自由贸易港金融服务供给能力与开放水平难以实现重大突破的情况下，尽快建立琼港金融服务合作对接机制。例如，合作搭建面向企业的服务平台，促进以海南自由贸易港为平台投资东盟的企业金融服务需求与香港金融及商务服务供给的有效衔接，探索“海南承接+香港服务”的合作模式；吸引香港金融及商务服务机构参与海南自由贸易港国际农产品、能源、航运、大宗商品、产权、股权、碳排放权等交易场所建设。在此基础上，逐步推进琼港服务贸易一体化进程，重点就服务贸易、数字经济、人才标准等方面形成全面的高水平制度安排。

4. 着眼长远促进琼港合作共建海南自由贸易港进程。2022 年 7 月 14 日与 28 日，我提出琼港合作共建海南自由贸易港的建议，得到了香港与会企业家的赞同。总的来看，琼港合作共建海南自由贸易港，有利于香港在服务我国开放大局中扮演更加重要的角色，更有利于加快海南自由贸易港建设。在这方面，需要企业与智库先行，建立多层次的对接合作机制，促进企业与人文交流进程。

新国际形势下提升产业链供应链韧性和安全水平

张燕生　中国国际经济交流中心首席研究员

一、海南打造高水平对外开放平台面对的新机遇

海南下一步扩大对外开放、积极推动新全球化前行的重点是：

首先，要更加重视市场的力量、企业的力量、地方的力量、合作的力量，在地缘政治冲突日益加剧的国际环境中，尽量把政治与经济因素分开，在商言商，扩大希望合作的国际统一战线，充分发挥好经贸的“压舱石”的作用。

其次，要以全面深化改革的方式加快推动科技的相互挂钩、产业的相互挂钩和金融的相互挂钩，形成利益纠缠机制和利益共同体，把一流的人才、技术和关键零部件吸引进来，并且能够深植海南大地。

再次，海南要从战略全局上把握未来可能出现的中美宏观政策不同步、经济周期不同步、经济前景不同步的机遇，进一步扩大对外开放尤其加快制度型开放的步伐，增进全方位国际合作、创造改革开放前沿的基础条件，让全球投资人在选择两面下注对冲风险机会时，选择海南、根植海南、集群海南。

最后，海南要借全球之力、全国之力、全省之力创造一流的营商环境、法治环境和发展环境。不仅要发挥好海南要素禀赋的独特优势，更要发挥好海南要素创造和要素组合的新优势，创造海南奇迹。

二、海南构建对外开放新格局面对的新挑战

第一个挑战是全球制造模式的转变。我们过去40多年改革开放推动的离岸制造、在岸制造、全球制造模式，从国际金融危机以后就面对着回岸制造（即欧美的再工业化）、近岸制造（即美国的贸易战，将近60%针对的是在华投资企业，也就是要把过去40年在中国建立的跨国公司的供应链排挤出中国，回流到北美的墨西哥、拉美等地，中东欧等欧洲地区，亚洲的印度、越南、孟加拉国等），现在西方国家正在推动友岸制造（也就是供应链有了价值观，商品、技术、服务有了价值观）。面对这种新的趋势，我们应该进一步扩大对外开放、加强全方位国际合作，把经贸合作的"压舱石"功能做深做实。

第二个挑战是全球供应链正在形成两个平行体系。如何做好自己的事情破解两个平行体系的竞争对抗局面，从某种意义上也决定了中国供应链的未来。一种是乐观主义的预期，即随着中国推动高质量发展、推进统一大市场建设，实施扩大内需战略，改革开放不断深化的情况下，跨国公司为了抓住中国市场的发展机遇，将把一些过去从来没有配置在中国的研发、技术、设计、资讯等重要环节和工序配置在中国。另一种是悲观主义预测，即关键技术、人才和关键零部件的生产将撤出中国。在这种情况下，我们怎么能够用扩大内需的战略增加进口实现相互依存，这对我们来说是一个严峻的挑战。

两个平行体系今后是零和博弈（你输我赢）还是竞合博弈？"小院高墙"的战略会不会演变成"大院高墙"，也就是技术出口限制性措施的控制范围、控制程度、控制标准越来越深、越来越大？在这种情况下，我们怎么保持历史耐心，做好自己的事？一些国家正在寻求用未来10年的时间瓦解中国供应链的根基，实现选择性脱钩，也就是把世界对中国市场供应链的依赖降到40%以下的水平。这种情况下，中国怎样通过全面深化改革来促进挂钩不脱钩、合作不对抗、开放不封闭来实现互利共赢？

三、海南扩大国际合作提升产业链供应链韧性和安全水平

1. 海南要把握第四次工业革命的重大机遇

数字技术革命是海南推动高质量发展的重要助手。关于数字赋能，习近平总书记讲了五点：一是推动数字经济和实体经济融合发展；二是把握数字化、网络化、智能化方向；三是推动制造业、服务业、农业等产业数字化；四是利用互联网新技术对传统产业进行全方位、全链条的改造，提高全要素生产率；五是发挥数字技术对经济发展的放大、叠加、倍增作用。海南应努力打造数字赋能的最佳实践，通过开放来提升海南产业链供应链的柔性、韧性和弹性，打造数字化、网络化、智能化的供应链体系、生产体系。同时，要重视用开放来加速从 IT 革命到 AI 革命的增长动能的转换。

2. 海南要加快构建更高水平开放型经济的新体制

一是海南要做好商品、服务、要素、资源等高水平流动型开放的“先行官”，抓住 RCEP 的三个经济合作圈，成为中国和世界扩大经济贸易联系的窗口和桥梁。

二是海南要做好规则、规制、管理、标准等高标准制度型开放的“排头兵”，通过引入外来竞争压力和激活内部改革动力，来推动海南全面深化改革开放试验区建设和落实 DEPA 数字规则先行示范区建设。

三是海南要打造科学、技术、工程、数学等高层次创新型开放的新平台。过去 40 多年，我国通过全方位国际合作发展了市场经济、工业经济、外向型经济。未来 30 年，海南同样要靠全方位国际合作发展科学、技术、工程、数学等创新生态和跨境创新网络。

因此，从这个角度来讲，非常期待海南能够成为一个“创新岛”，大力推动绿色发展和生态建设，能够真正地成为中国和世界联系的一个窗口和桥梁。

推动海南与东盟海洋合作进程

胡　波　北京大学海洋战略研究中心主任

从东亚大区域来看，东亚国家群体性海上崛起走向海洋是一个大趋势。近 10 年来中国提出海洋强国，印尼提出了海洋支点，越南出台的海洋强国战略表示在 2030 年实现海洋强国的目标，马来西亚、泰国纷纷出台涉海专项扶持政策。

一、中国与东盟海上合作的趋势与现状

1. 中国—东盟国家海洋经济发展趋势

目前，中国与东盟海洋经济发展速度超过国民经济的发展速度，海洋产业成为各国的重要产业。与中国相比，东南亚国家更是这样，特别是沿海国家。各国纷纷制定海洋发展战略和政策，实施海洋发展调整与升级，包括海洋渔业、海洋油气等。以往东南亚国家在第一产业和第三产业比较有优势，主要是旅游行业，现在也在加强第二产业——制造业方面的发展。

2. 中国—东盟海洋经济政策沟通逐步深化

近 10 年来，特别是 2012 年以后，中国—东盟国家海洋经济合作发展迅速。2013 年习近平主席提出建设海上丝绸之路，同年成立中国—东盟海上合作基金。在 2020 年中国—东盟合作 30 周年大会上，双方发表联合声明，提出加强致力于蓝色伙伴关系建设。东盟在 2021 年 12 月通过蓝色经济宣言。

3. 中国—东盟海洋产业合作相对滞后

与政策积极意愿相比，中国—东盟海洋合作层次比较低，有政治安全的原因，也有本身产业对接不够的原因。目前主要集中在港口、海洋基础设施建设方面的合作，主要体现在“一带一路”倡议中的系列重大项目。

二、发挥海南自由贸易港在促进中国—东盟海洋合作的特殊作用

在对外海洋经济合作中，海南确实有非常突出的地位。例如，与其他省份相比，大家起点都比较低，而且现在都面临着经济转型的问题，包括对内经济转型、对外海洋经济合作转型的问题。在这个方面，海南有潜力探索新型对外海洋合作发展之路。

三、推进海南与东盟海洋合作的建议

1. 海南自由贸易港建设可以在深海开发、大洋保护方面发挥引领作用

中国管辖海域300万平方公里，海南占了三分之二，海南处在不可或缺的支点，南海兼具深、远海特征，也是中国走向深海大洋的“试验田”和必经之路。重大涉海科研机构看到了海南区位优势，都在海南积极布局。下一步是怎样促进企业在海南深耕，不是成立办公室、圈一大片地，而是要挖掘他们的发展潜力。

2. 聚焦海洋服务业和高科技实现“弯道超车”

与其他省份相比，海南海洋传统产业缺乏优势和发展潜力，短期很难有大的改观，包括资本规模。海南重点在海洋高科技方面与东盟开展合作，探索海洋新兴领域合作，而不是重复其他省份在传统海洋领域的对外合作模式。

3. 强化海南在海洋经济合作方面的比较优势

首先，海南是中国仅有的纯热带区域，在农业产业合作方面，海南

是全国独一无二的，可以充分利用零关税政策，积极发展产学研一体化，包括原材料进口、种植、物流、深加工等全行业特色农业合作的省份。其次，是环境保护和应对气候变化。环保肯定既是重要的政策，也孕育着重大产业，特别是应对气候变化，全球具有万亿级甚至更大规模的产业链。比如蓝色碳汇，它是一个政策词汇也是一个产业。海南作为天然的碳汇，有独特的优势。关于海南在蓝色碳汇方面的潜力，下一步可以重点研究。

在海南建设“总部基地”的基本逻辑

曹远征　中银国际研究有限责任公司董事长

提出在海南建设“总部基地”的问题是非常有创见性的，同时是脚踏实地的，是有可操作性的。理由有两个：第一，把握住了经济全球化的基本逻辑。第二，直面了全球格局新的形势。

首先，它反映了经济全球化的本质。自从冷战结束后，全球无一例外采取了市场经济的体制，体制的一致性使制度性交易成本大幅降低，从而使国际经贸活动的便利性、自由度大大提高。而由关税贸易总协定向投资贸易的自由化为核心的 WTO 的转变，又使生产要素的跨国流动有了制度上的保障。

在这种环境下，以跨国公司为主体的企业，本着成本最小、效率最高的原则将其生产环节布置在全世界各地。产业链由此不再拘泥于一个国家的垂直分工或者几个国家的水平分工，而是横亘在各国之间，形成全球产业链、供应链、价值链。相应地也就出现了全球外包，既有生产外包，也有服务外包，几乎使生产服务流程的各个环节，都可以外包于其他企业。苹果手机、电脑及其他电子就是例子，其核心业务几乎仅剩设计，其他都分包出去，在中国大陆的台湾企业富士康就是其最大的代工厂。

正是由于全球性外包的发展，使当今的企业管理发生了变化，不再需要叠床架屋的多层管理，取而代之的是商业化的全球产业链管理、供应链管理、价值链管理。而管理中心要设在管理最便捷最关键的地方，即区域总部并不一定在母国、东道国，而可能在关键的第三国。

我们注意到，在过去经济全球化的过程中，中国经济的发展也带动了东盟经济的成长，表现为产业链在中国—东盟自贸区内的延长。例如，中国经济发展使劳动成本自然升高，很多产业链的下游部分就自然而然转移到东盟，特别是越南、柬埔寨、老挝、缅甸等劳动力充沛的国家。近年来这种产业转移或延长持续进行，形成中国—东盟之间的一条条跨国产业链，对其进行管理的需要随之而来，区域总部的设立便提上日程。

其次，它面对了全球世界经济格局的变化。俄乌冲突以来，全球的政治经济格局发生了重大变化，新的区域一体化安排正在出现，尤其是发展中国家、新兴市场经济国家之间的合作在不断加强。这不仅表现在中国—东盟自贸区进入新的时代，开始与 RCEP 接轨。而且上海合作组织经济合作在更加紧密化的同时，开始扩充成员。这种情况使地理上处在上合组织与 RCEP 之间的中国经济，有了新的地缘合作机会。中国拥有包括石油化工、钢铁冶金、机械加工、建筑建材在内的具有全球竞争力的基础工业能力。如果善用这一能力，可以形成上游由上海合作组织成员国的能源原材料采掘、中游由中国进行加工、下游由东盟国家进行装配的纵贯亚洲大陆的“一带一路”供应链，进而深化为产业链的整合与发展。在这一趋势面前，区域总部的设立就是必然的，而海南恰恰在创造这种环境。

海南自贸港的目标是建设对外开放的最高标准，区域总部在海南的设立不仅是其体现，更是标准的细化、深化创建过程，更契合海南自贸港的建设精神。之所以这样讲，是我们注意到在经济全球化过程中，企业发挥的作用越来越大。在很大程度经济全球化下的国际经济贸易活动，不再仅仅是一种国家之间的协定，而是企业之间的跨国合作，甚至是跨国企业内部的业务协调和过程管理。在这个意义上来看，规则、规制、管理、标准，是经济全球化的核心，而企业则在塑造这一核心，尤其标准方面，有着不可替代的作用。

因此，面对 RCEP，企业在海南自贸港建设氛围下讨论并创立新标准，自然也就成为在海南设立区域总部的基本条件，而海南自贸港过去几年的建设实践已给我们展现了可期的前景。

RCEP 背景下深化海南与东盟开放合作的建议

王　胜　中国南海研究院院长

党的二十大报告指出，“中国式现代化是走和平发展道路的现代化。我们坚定站在历史正确的一边、站在人类文明进步的一边，高举和平、发展、合作、共赢旗帜，在坚定维护世界和平与发展中谋求自身发展，又以自身发展更好维护世界和平与发展”。鉴于此，我从海南与东盟合作的成效、面临的挑战和不足、未来的发展机遇以及推动海南与东盟开放合作的具体建议四方面和大家进行交流探讨。

一、海南与东盟合作成效

一是政府间往来密切。近年来，海南和东盟间政府高层交流频繁，双方建立了中国（海南）—东盟省市长对话等多个政府间交流合作平台，首个领事机构柬埔寨驻海口总领事馆落户。海南省与东盟建立国际友好城市 9 对，签署对外合作协议和项目 50 多个。

二是经贸合作稳步发展。2022 年上半年，海南货物贸易进出口总值 917 亿元，同比增长 56%，增速快于全国 46.6 个百分点，排名全国第二。其中，海南对东盟进出口 154.4 亿元，增长 42.1%，占 16.8%。近年来，海南开通连接东盟港口外贸航线近 10 条，基本形成连接东盟主要城市的航线网络布局。

三是双向投资不断提升。近年来，海南在东盟新设（含并购）对外投资企业 34 家，占全省总量的 29%，主要经营天然橡胶加工等项目，投资金额 5.6 亿美元；东盟在海南新设外资企业 223 家，主要投资商贸零售、物流等项目，实际利用外资 1.78 亿美元。

四是人文交流日益密切。成功举办“中国（海南）柬埔寨光明行”义诊、岛屿观光政策论坛等活动，与东盟国家建立 20 多对校际友好关系，成功设立中国—东盟教育培训中心等，双方在旅游、医疗、教育、文化等领域交流进一步拓展。

二、面临的挑战和不足

一是东盟国家对华心态更加复杂多元。在东盟地区形势和中国自身均发生巨大变化的背景下，东盟国家对华形象认知也在变化，正面与负面两种形象同时上升。一方面，东盟认为中国是亚洲的中心国家，因此对中国经济战略倚重和主动靠拢不断加大；另一方面，东盟国家有人认为中国正成为一个越来越“强硬”的大国，在南海、钓鱼岛等问题上的做法“咄咄逼人”和“反应过度”。

二是缺乏海南与东盟开放合作顶层规划。一方面，海南省少数政府工作人员、高校智库、企业界等对中国—东盟自贸区以及 RCEP 经贸规则的了解还不够深入，对海南服务和融入 RCEP 国际经贸规则研究不够透彻；另一方面，对东盟国家所掌握的各类信息资源比较缺乏，产业合作需求匹配也不够精准，较多企业反馈对 RCEP 具体内容不熟悉，不知如何运用等，政府部门培训指导做得还不够。

三是面向东盟开放合作的政策优势可能被弱化。RCEP 生效以后的 10 年内，RCEP 成员国区域内 90%以上商品将实现零关税，海南省与东盟货物贸易量不大的情况下，与其他大体量省份相比，自由贸易港零关税优势可能相对“摊薄”。

四是产业基础薄弱，产业结构与东盟国家互补性偏弱。从周边区域看，2021 年广东、广西、云南与东盟进出口总额分别为 12413.3 亿元、2821.17 亿元、1242.9 亿元，东盟均已是上述三省（区）第一大贸易伙伴，而海南仅为 249.2 亿元，海南在面向东盟经贸合作中处于弱势。

五是南海问题将给海南与东盟部分国家合作带来挑战。近年来，中国—东盟关系的稳定持续发展，一定程度上为中国和东盟国家妥善处理南海问题奠定了稳固的政治基础。但是，当前南海地区的国际政治生态复杂敏感，大国战略博弈集中，西方域外势力的干预和搅局，使南海局势暗流涌动，有的东盟国家对中国发展壮大的疑虑和不适感仍然很强。

三、未来的发展机遇

一是东盟具有强劲的经济发展潜力。东盟作为 RCEP 协定主要成员国，有望在 2030 年成为全球第四大经济体。

二是我国进入新发展阶段为海南深度融入区域经济发展提供了动力。海南自由贸易港背靠超大规模国内市场和腹地经济，具有国家赋予的面向全球的“零关税、低税率、简税制”等一系列利好政策，有利于海南在较短时间内实现各类要素集聚，这为海南在更大范围、更宽领域和更深层次上与东盟开放合作提供了不可替代的有利条件。

三是海南在“双循环”格局中的交汇点作用为其集聚各类要素资源提供了便利。海南地处中国—东盟以及“21 世纪海上丝绸之路”等重要节点和交汇点，有利于海南自由贸易港对标 RCEP 国际高水平经贸规则，加快海南经济、产业转型升级和高质量发展。

四、海南与东盟开放合作的具体建议

一是从国家战略层面加大对东盟的投入，优化中国形象。首先，在政治层面，应进一步强化中国与东盟各层级的沟通对话机制，有针对性地做东盟各国工作，实施“一国一策”。其次，在形象塑造上，保持谦虚的大国姿态，加强与东盟国家社会各界对话和接触，让人们有实实在在的获得感，让更多人认识中国、了解中国。

二是加快中国—东盟海上合作务实进程，推动共建蓝色经济伙伴关系。近年来，双方在渔业基地建设等方面开展了务实合作并取得积极成效。建议下一步，双方抓住 RCEP 正式生效和海南自由贸易港建设等契机，加强双方涉海部门的对话沟通，阐释好海洋命运共同体重要理念，探讨建立蓝色经济伙伴关系交流合作机制，率先在海南自由贸易港建设一批海洋经济发展示范项目区。

三是以 RCEP 协定签署和实施为契机，谋划制定深化海南与东盟合作的战略规划。一方面，做好 RCEP 区域与东盟合作的顶层设计。应研究谋划深化海南与东盟开放合作的规划，制定经贸、旅游、现代服务业、高新技术产业、数字经济和热带农业等合作领域的具体措施、合作机制，明确短期、中长期目标，有计划有步骤推进务实合作。另一方面，RCEP 生效是东亚区域经济一体化新的重大进展，建议成立 RCEP 工作专班开展对标研究这些变化，结合产业发展实际需求，优化零关税、服务贸易的清单，促进海关通关便利化。

四是积极加强海南自由贸易港政策与 RCEP 的对接，形成叠加优势，将海南打造成高水平对外开放压力测试区。首先是支持海南率先实施 RCEP 规则鼓励类义务试点。建议推动国家有关部委支持率先在海南实施鼓励类义务试点，率先做好压力测试，进一步优化海南营商环境，为国家探索有益经验。其次是围绕 2025 年前全岛封关运作目标，制定更精简的跨境服务贸易清单，出台禁止、限制进出口货物、日用消费品等物品清单和商品目录。最后是发挥海南生态和区位优势，建议积极争取推动 RCEP 非常设机构落户海南或在海南举办有关专题会议。

五是搭建海南与东盟开放合作新平台。一方面，海南可发挥博鳌亚洲论坛等国际办会经验，推动博鳌亚洲论坛中国—东盟省市长对话平台转型升级和“脱虚向实”，做实全球自贸港发展趋势圆桌会，增加企业间合作内容，建议举办中国—东盟省市长对话暨 RCEP 企业家合作交流会，拓展与 RCEP 成员国特别是与东盟国家地方双向投资合作，建设 RCEP 地方经贸合作示范区；另一方面，在海南省与泰国商业部签署贸易合作谅解备忘录基础上，拓展海南与东盟其他国家的经贸合作机制，利用中国国际消费品博览会等国际贸易展会平台促进海南与东盟双边贸易，与中国驻东盟大使馆和东盟国家驻华大使馆建立“经贸直通车”。

六是以差异化策略深化海南与东盟产业合作。一方面，是以国别差异化合作策略，深化重点产业合作。东盟国家人口、经济、规模、产业、需求既有相同也有差异，这种共性和差异性决定了海南与东盟合作必须立足国别实际和需求，制定“一国一策”的合作思路。比如新加坡，可重点抓好航运、生物医疗、经贸机制等方面的合作。以生物医疗为例，海南可利用全面放宽合同研究组织（CRO）准入限制和世界真实数据试点政策，加强海口高新区、博鳌乐城医疗先行区与新加坡大士生物医药园交流，吸引世界药企在博鳌设立研发中心，推动海南医疗机构与合同研究组织合作。另一方面，建设海南—东盟特色产业合作园区。我国是燕窝、鱼胶、橡胶、珠宝玉石等消费大国，而且大部分原料从东盟进口，海南可充分发挥加工增值和“一负三正”清单等政策优势，在学习借鉴中新苏州工业园、天津生态城等合作模式和运营经验基础上，探讨在海南有关保税港区建立海南—东盟特色消费品、热带水果贸易和仓储加工的中外合作园区，吸引东盟企业在海南落户。

七是加快“南海行为准则”（COC）磋商进程，通过南海合作推动构建海洋命运共同体。建议抓住2022年中国东盟签署《南海各方行为宣言》20周年契机，发挥海南生态、自由贸易港政策和独特地理单元等方面的优势，推动举行COC线下磋商，倡议建立区域海洋治理机制，通过对话管控争议，增进理解互信、深化互利合作，把南海建设成和平之海、友谊之海、合作之海，为构建海洋命运共同体发挥海南作用。

打造海南总部企业基地的措施和建议

王惠平　海南省社科院院长

2020年6月1日，中共中央、国务院印发了《海南自由贸易港建设总体方案》，国内外企业到海南投资创业越来越多了，到2022年8月底市场主体已经突破了200万户。根据海南省社会科学联合会对海南省企业家协会的调查，目前在海南的企业反映了一些问题。针对当前存在的问题，提出以下措施和建议。

一、积极服务，大力培育海南上市公司

海南上市公司规模小，普及质量不高，融资能力差。2021年中国有上市公司4685家，其中上交所2032家、深交所2571家、北交所82家。截至2022年4月，海南省共有上市公司34家，上市公司数量位居全国31个省（自治区、直辖市）第26名。海南上市公司数量少，市值规模小，区域分布不均。总市值超过100亿元的上市公司仅10家，上市公司证券化率59.7%，远低于全国80.10%的平均水平。全省仅有4家地方国有控股上市公司，国有资产证券化率低。省内上市公司区域分布不均问题突出，全省仅海口、三亚和昌江有上市公司。

同时上市公司融资、并购重组不活跃。2018年以来，全省上市公司通过IPO、增发、配股、发行可转债及公司债等方式合计融资180.93亿元，占2018年以来全省社会融资总额的4.8%。全省上市公司发行债券余额高峰时达100余亿元，目前降至10亿元，且自2021年至今，全省

上市公司未发行公司债券融资，上市公司直接融资活跃度不高，通过资本市场优化资源配置的功能未充分发挥。2018 年以来，全省新增上市公司 2 家，新增家数全国占比仅 0.2%。目前海南在审企业 1 家，基本符合上市条件的较少，上市公司后备资源发展后劲不足，5 家已上市公司可能还面临退市风险。

加快建设海南自由贸易港迫切需要推动海南企业上市，提升企业直接融资能力。在抓好企业主板上市的同时，要抓住科创板和北京证券交易所专注“专精特新”企业的机遇，积极推进企业上市。同时，还要大力培育一批上市“后备军”，推动企业在资本市场直接融资。

二、以发展总部经济为抓手，做大做强海南优势企业

围绕自贸港四大产业，加大创业投资、金融改革、上市融资等多方式全链条金融支持力度，培育多层次、专业化、特色化的海南优势企业。要经营优质资产，把一些优势企业做大做强，使海南本地企业尽快进入国内 500 强。如海南省农村信用社长期作为 19 个法人分散经营，“小而全、小而弱”是其主要特点，要适应自由港参与国际竞争的需要，把海南农村信用社整合改制、注资重组为海南省农商银行，作为一个真正的总部企业立足于海南，建议利用当前金融改革的政策，积极争取财政部授权，发行政府债券作为财政资金来源以政府资本金方式注入海南省农商银行，也引进适当社会资本共同注资，按照现代金融制度的要求，形成完善的法人治理结构，形成一个规模比较大的金融企业，条件成熟后争取到内陆省份甚至国外设立分支机构，推动海南省农商银行做大做强，最终实现上市，以更好发挥金融乘数效应，服务企业和实体经济，也真正发挥财政资金“四两拨千斤”的杠杆作用。

三、以企业需求为导向，完善促进总部经济发展的相关政策

一是延长“2025 年前新增境外直接投资取得的所得免征企业所得税”期限，吸引境外企业和各类资本在海南设立总部，深耕海南，不断

壮大、活跃海南省产业经济。

二是自《海南省开展合格境内有限合伙人（QDLP）境外投资试点工作暂行办法》《海南省关于开展合格境外有限合伙人（QFLP）境内股权投资暂行办法》发布以来，众多知名资产管理机构在海南申请QDLP、QFLP试点资格，海南省基金快速聚集并迎来爆发式增长。下一步要适应市场需要，积极争取中央支持，突破QDLP、QPLP试点目前只有50亿美元的额度限制，增加额度，以海南为交汇点，支持和鼓励我国资本和企业走向世界，也让海南以一流营商环境和资本政策环境吸引更多国际资本在海南投资兴业。

四、按照扩大规则、规制、管理、标准等制度型开放的要求，在海南逐步开展高水平压力测试

开展高水平开放压力测试根据时机，势在必行。当前看有两点值得探索：

一是海南每年都要举行“海南岛国际电影节”，这是海南一个重要品牌项目，在保证意识形态安全的前提下，逐步开放海南的电影市场，促使海南文化和电影产业融合发展。事实证明，海南通过电影《非诚勿扰》《私人定制》，发挥了海南生态和文化有机结合的优势，使海南热带雨林森林天堂公司、蜈支洲岛公司成为上市公司，促成上亿元的产业。

二是中国制种业90%在海南，要在安全前提下适当允许外国种业进入，特别是热带水果种业要适当放宽准入。

五、在海南建立“总部基地”示范区

一些企业反映由于海南土地实行全省“一盘棋”，土地规划和审地较严，建议海南省专门划定特定区域，规划建设“总部基地”示范区，保障有土地能吸引总部企业落户海南。

六、打造法治化、规范化的一流营商环境

如政府采购方面，特别是基础设施建设项目上，对国有企业、民营企业、外资企业一视同仁，真正做到公平公开竞争。

七、做强政府产业引导基金，引导社会资本共同支持总部企业发展

要在提高政府产业引导基金市场化、专业化水平上下功夫，通过基金招商引入一批重要产业项目，助推四大产业创新发展和产业转型升级。我国已正式提交加入《全面与进步跨太平洋伙伴关系协定》（CPTPP）的申请，作为我国深度融入全球经济体系的前沿地带，海南应前瞻性开展我国加入 CPTPP 对自贸港建设金融发展的影响分析与研究，主动对标国际资本的运作模式，尽早做好规则对接的准备，着力强基础、补短板，为资本的有序流动，继续扩大开放做好压力测试。当前要按照《海南自贸港总体方案》的要求，真正把海南自由贸易港建设投资基金的作用发挥出来，充分运用“母子”架构原理，加快孵化培育一批市场化的子基金，投入一批新兴项目，催生一批新的业态和产业发展。

八、加速培育项目库，推动资本和实体经济有机融合发展

牢固树立“项目为王”的理念，以是否有经济发展潜力、有现金流量来源为核心，谋划和完善经济社会项目库。解决企业“需有所投”、投资机构“投有所向”的问题。通过搭建资本市场供需平台，推动优质项目与投资机构的合作交流，集聚创新资源，招引更多投资机构和投资中介组织，解决资本“需有所投”“投有所向”问题，防止资本闲置、难有回报。

以“总部基地”建设为导向的海南—香港合作

马延昆　海南港澳投资促进中心主任

党的二十大报告深刻总结“一国两制”实践特别是香港实现由乱到治的历史性成就，系统阐述坚持和完善“一国两制”的新理念、新思想、新战略，为做好港澳工作提供了根本遵循和行动指南。对中国式现代化和两步走作出战略安排，为香港发展提供宏大前景、明确目标、巨大机遇。

粤港澳大湾区和海南自贸港同属国家重大发展战略，是新时代推动形成全面开放新格局的新举措，也是推动“一国两制”事业发展的新实践。

香港作为全球最自由开放的经济体、全球三大金融中心之一，拥有背靠祖国、联通世界的独特优势。香港特别行政区长官李家超就曾指出，海南与香港同样位处“一带一路”的关键节点，琼港两地可充分发挥合作潜力，实现海南自贸港与粤港澳大湾区联动发展，促进香港融入国家发展大局；在“十四五”规划、粤港澳大湾区建设和“一带一路”倡议等重点国家战略的带领下，香港将拓展与内地及世界的交流合作，发展互惠共赢的重要作用。

海南与香港人缘相近、地缘相亲、商缘相连，琼港合作由来已久，香港是海南利用外资最主要的来源地，2021 年，海南新设立外商投资企业 1936 家，其中香港企业占 43.8%；全年实际利用外资 35.19 亿美元，其中港资占 77.2%。当前，海南正在积极筹备建设“琼港经济合作示范区”，并写入了 2022 年省政府工作报告。

聚焦港澳企业实际需求，以总部基地建设为破题思路规划发展“琼港经济合作示范区”，围绕“香港所长、海南所需”的合作总纲领，加强相互对接，推动务实合作。在现代服务业、高新技术产业、金融、离岸贸易等产业链上“强链、补链、延链”，开展精准招商和定向服务，重点引进和培育一批符合海南产业发展方向、集成能力强、产业链拉动作用大的大型港澳外资企业，进而巩固琼港澳产业衔接，带动相关产业发展。同时兼顾“香港所需、海南所长”，在国际经贸规则对接、国际航运、国际旅游消费中心建设、国际化营商环境打造和拓展畅通便捷的国际联系等方面加强合作。力争将海南打造成为国内企业投资与服务RCEP成员国的南方总部或国际投资总部，在港澳总部企业的带动下成为外国企业到国内投资的前沿阵地，更好地发挥海南自贸港国际国内双循环的交汇点作用。

琼港合作发展起步早、起点高。《海南自由贸易港建设总体方案》发布以来，琼港合作持续升温，2019年11月23日，省政协琼港经济合作发展推进工作组成立，主要工作任务是围绕重点领域推动项目合作，组织琼港两地开展合作交流，加强琼港合作体系建设。

2021年11月，在全国政协副主席梁振英先生的推动下成立了琼港经济合作发展咨询委员会，通过香港优势领域专家直接接受海南省政府相关部门咨询，充分发挥香港优势产业经验，加快两地规则衔接方案落地，在省级层面推动琼港合作。海南省委统战部在海口江东新区、三亚崖州湾科技城等六个重点园区设立了港澳台侨服务工作站。在海口观澜湖旅游产业园区挂牌成立“海南自由贸易港琼港澳服务业合作示范区”，出台《港澳台地区专业人才在中国（海南）自由贸易试验区、海南自由贸易港执业管理办法》，允许港澳地区具有金融、建筑、规划、专利代理等行业执业资格的专业人才在海南自由贸易港备案执业；发布了《鼓励港澳台地区人才服务海南发展若干意见》，鼓励港澳台地区人才参与海南自贸港建设。

目前，全省共认定61家总部企业。其中，跨国公司区域总部3家、综合型（区域型）总部46家、高成长型总部12家。总部经济圈正在逐步形成。在香港有4家央企的总部，分别是招商局集团、华润集团、港中旅集团和2021年新成立的紫荆文化集团。2018年9月，中旅集团成为首家总部进驻海南的央企。当前，招商局集团、华润集团已在海南设立具有总部功能的公司，待申请认定为总部企业。世茂集团、怡和资本、华氏医药、周大福、香港玉玲珑集团等一批重点港资企业项目落地；苏富比、佳士得等知名品牌与海口达成国际文化艺术品交易中心合作意向，当前的琼港合作也正在以总部集团建设的方式蓬勃开展。

同时海南也在积极利用香港金融产业的优势与便利，加快推动自贸港建设。10月26日海南赴港发行50亿元离岸人民币地方政府债券，这是全国首单地方政府在国际资本市场发行的蓝色债券和可持续发展债券，获得来自国际知名的银行、资管、基金等各类境外投资机构的广泛关注和踊跃认购，达到了2.2倍超额覆盖。这次赴港发债，扩展了海南地方政府的融资渠道，有助于吸引全球资金支持海南自贸港建设，促进与国际接轨的自贸港资本市场的建设，为更高水平、更深层次的双向开放奠定了基础。

10月19日，李家超在香港立法会宣读的任内首份施政报告中特别提出了香港要对接国家战略，增强发展动能，特区政府将成立“融入国家发展大局督导组”加强与内地机构沟通，并定期举行国家政策解读活动。督导组的四大工作任务中，“强化与内地省市的区域性合作机制，督导合作项目的落实进度和成效”和“积极推展香港与‘一带一路’国家经贸、专业服务及人文合作的高质量发展，并制订措施”与琼港合作息息相关。

2022年是香港回归25周年，习近平主席在出席庆祝香港回归祖国25周年大会暨香港特别行政区第六届政府就职典礼的重要讲话中指出，香港积极融入国家发展大局，对接国家发展战略，继续保持高度自由开放，同国际规则顺畅衔接的优势，在构建我国更大范围、更宽领域、更深层次对外开放新格局中发挥重要功能。

习近平主席的重要讲话精神为推进新时代“一国两制”伟大实践行稳致远指明了方向，提供了根本遵循。充分把握海南自贸港与粤港澳大湾区的竞合关系，用好海南自贸港在区位、政策、产业、历史、人文等领域的叠加优势以吸引以港澳企业为代表的外资企业总部落地自贸港为先导，建设好琼港经济合作示范区。通过制度创新、规则衔接、让港澳企业能够真正全面参与国家建设、共享国家发展红利，进而融入国家发展大局，为一国两制的行稳致远和香港的繁荣稳定贡献力量。

名家观点综述

一、发挥海南自由贸易港在中国—东盟全面战略合作中的重要枢纽作用

迟福林 中国（海南）改革发展研究院院长

当前，面对全球发展与冲突的突出矛盾，面对多种全球性危机叠加的严峻挑战，中国与东盟面临着如何在一个更加不确定、不稳定的世界中谋求发展的重大任务。

史忠俊 中国—东盟中心秘书长

海南是中国最大的经济特区、最大的自由贸易试验区和唯一的中国特色自由贸易港，是中国面向太平洋和印度洋地区的重要开放门户。依托有利的政策优势和地缘条件，海南自由贸易港既可以从中国—东盟经贸合作成果中汲取力量，也将为中国—东盟经贸关系不断发展注入新的活力。

胡光辉 海南省人大常委会党组副书记、副主任

新形势下，发挥海南自由贸易港地缘优势与开放政策制度优势，加强与东盟国家交流合作，既是打造国内国际双循环重要交汇点的重大任务，也将助力中国—东盟全面战略伙伴关系构建。要发挥海南地处东南亚和中国大陆两个最活跃市场交汇点的优势，加快推进与东盟国家的合作进程，努力打造国内企业走出国门、外商外资进入中国市场的重要门户。

迟福林 中国（海南）改革发展研究院院长

一是在服务促进中国企业进入东盟投资合作中，助力东盟企业开拓中国大市场；二是在促进中国与东盟商品要素双向流动与高效配置中，实现产业链供应链更深层次的对接合作；三是发挥海南自由贸易港单向开放的灵活

性、主动性，在推进 RCEP 规则先行落地中引领中国与东盟市场规则对接和更高水平开放合作进程。

郭　达　中国（海南）改革发展研究院副院长

一是打造以农业、数字经济为重点的总部基地；二是聚焦优质消费品和重要原材料，打造我国扩大东盟商品进口的中转交易基地；三是打造中国—东盟市场标准对接的特殊区域；四是条件成熟时，把海南自由贸易港作为中国—东盟自贸区 3.0 版的地方先行示范区。

张燕生　中国国际经济交流中心首席研究员

对外，要把握新全球化前行的机遇，构建市场驱动、企业驱动、地方驱动的合作平台和跨境网络；把握数字技术革命的机遇，构建数字驱动、绿色驱动、创新驱动的合作平台和跨境网络；把握区域一体化机遇，构建利益责任命运共同体的平台和网络。对内，要搭建“一带一路”的开放平台和桥梁，同广西合作搭建面向东盟的开放合作窗口和通道；同云南合作构建中国与东盟物流大通道；同重庆合作建立协调机制，服务东盟；参与西部陆海新通道建设。

李世杰　海南大学经济学院院长

通过海南自由贸易港开放深化中国—东盟关系，一要推进制度型开放，推进海南自由贸易港与东盟规则对接；二要推进投资双向开放，将海南自贸港打造成为“两个总部基地”。

二、务实推进海南自由贸易港与东盟多层次经贸合作

赵晋平　国务院发展研究中心对外经济研究部原部长

要做好服务贸易高水平开放压力测试，先以 RCEP 发达成员为对标开始压力测试，再以 CPTPP 对发展中国家所作出的服务贸易负面清单为对标做压力测试，最后以发达国家更高水平的服务贸易负面清单为对标开展压力测试。

王晓红 中国国际经济交流中心科研信息部副部长

一是数字合作领域宽广，技术贸易、数字产品、跨境电商、数字支付等领域合作前景广阔。二是海南自由贸易港有条件也应该在数字规则制定中发挥重要作用。例如，与东盟建立双边数字企业白名单制度；对外资数字产品、电子认证、电子签名给予国民待遇。三是数字技术开放创新合作。

史忠俊 中国—东盟中心秘书长

充分利用电子商务相关政策，大力营造国内领先的电子商务生态。一方面，根据《海南自由贸易港建设总体方案》，争取在数据安全有序流动方面有所推进；另一方面，积极培育在线教育、在线医疗、在线咨询、网上交易会等数字经济新业态。

吴士存 中国—东南亚南海研究中心理事会主席

一是加强海南与东盟国家之间的海上互联互通；二是开展南海渔业合作，如南海渔业资源共同调查，建立共享数据库，开展海水养殖鱼类技术转移、现代渔业技术交流等示范项目；三是推进海洋旅游合作，特别是与马来西亚、菲律宾、新加坡、越南、泰国等国家岛屿地区开展邮轮旅游合作；四是海洋能源合作，如中菲南海油气合作开发、风电产业合作等；五是海洋环保合作。

王　胜 中国南海研究院院长

抓住 RCEP 生效和海南自由贸易港建设契机加强双方涉海沟通，阐述好海洋命运共同体理念，探索建立蓝色伙伴关系，率先在海南自由贸易港建设一批海洋经济发展示范区；以南海行为准则、COC 磋商，推动南海合作。发挥海南自由贸易港政策和独特地理单元优势，推动举行 COC 线下磋商，倡议建立区域海洋治理机制，通过对话管控机制，增进理解互信，深化互利合作，为构建海洋命运共同体发挥海南积极作用。

胡　波　北京大学海洋战略研究中心主任

海南是中国仅有的纯热带区域，在与东盟的农业产业合作方面具有全国独一无二的优势，可以充分利用“零关税”政策，积极发展产学研一体化模式，包括原材料进口、种植、物流、深加工等全行业特色农业合作。

三、深化与东盟人文交流

阿农南　菲律宾外交关系委员会主席

中国东盟全面战略伙伴关系在落实过程中会受到主观认知的高度影响，未来中国—东盟全面战略伙伴关系构建主要取决于双方如何弥合经济合作与互信缺乏之间的关系。未来，双方要着力弥合信任鸿沟，解决信任赤字和经济合作的二元对立。

王　胜　中国南海研究院院长

搭建海南与东盟开放交流新平台。一方面，发挥海南博鳌亚洲论坛办会经验，推动博鳌亚洲论坛中国—东盟对话平台转型升级，做实全球自由贸易港发展趋势研究会议，增加企业合作内容；另一方面，拓展与RCEP成员国特别是与东盟国家双向经济合作与交流，建立RCEP地区经贸合作示范区。

倪慧芳　中国教育国际交流协会副会长

加强云南和海南高校合作，积极推行“中文+技能”项目，突出“教、训、科、产”创新融合发展；推动两省高职院校与东盟国家优质高校合作，实施境外职教产教融合示范项目；打造更多东盟教育人文交流智库、科技合作平台和对话交流平台；在陵水黎安国际教育创新试验区建立中国—东盟国际研究院。

郭延军　外交学院亚洲研究所所长

一方面，海南可以帮助或者和东盟国家开展更多职业教育培训工作；另一方面，海南可以引进菲佣，同时加强相关领域职业教育培训合作。

四、加快海南自由贸易港总部基地建设的政策体系

迟福林 中国（海南）改革发展研究院院长

发挥海南自由贸易港在连接中国与东盟市场交汇点的角色作用，首要在于打造国内企业到东盟投资的“总部基地”。其一，市场连接的主体是企业，重点是产业链供应链的整合优化；其二，从国际自由贸易港成功经验看，总部企业在促进产业链供应链调整布局中居于核心地位；其三，国内制造业、旅游业、农业、数字经济等领域的企业以海南自由贸易港为总部基地，到东盟国家投资布局，有相当大的现实需求。

曹远征 中银国际研究有限责任公司董事长

在海南建设“总部基地”是非常有创建性的，是脚踏实地的，是有可操作性的。一是把握了经济全球化的基本逻辑和精髓；二是面对了全球世界经济格局的变化。

郭延军 外交学院亚洲研究所所长

海南“双总部基地”建设面临巨大的机遇。政治层面，中国—东盟政治关系稳步提升；经济层面，海南与东盟相互依存经贸往来不断深化；国内层面，其他省份在地缘位置、产业结构、政策等方面与海南相比有很大的差距。海南自由贸易港“总部基地”建设要精准对接国家发展大战略，精准对接东盟需求，精准对接国内省份需求。

胡光辉 海南省人大常委会党组副书记、副主任

蹄疾步稳、有力有序做好全岛封关运作准备工作；进一步落实自由贸易港早期政策，在更大范围内试行“零关税”和“低税率”政策，研究推进“简税制”，努力提升企业获得感；把制度集成创新摆在更加突出的位置，以公平、透明、可预期为切入点，以市场主体的实际感受为标准，在对接高水平经贸规则中推进深层次改革创新，努力使营商环境成为自由贸易港

的突出优势。

王惠平 海南省社科联党组书记、主席

一是按着加快推进规则、规制、管理、标准等制度型开放的要求，逐步开展高水平开放压力测试；二是以企业需求为导向完善海南自由贸易港的相关政策，如延长“2025年前新增境外直接投资取得的所得免征企业所得税”的期限；三是在海南建立“总部基地”示范区；四是打造法治化、规范化的一流营商环境，如实现政府采购对国有企业、民营企业、外资企业一视同仁；五是利用海南优质资产做大做强海南优势企业；六是强化政策落实。

史忠俊 中国—东盟中心秘书长

对标RCEP的通关政策要求提升通关效率；参考RCEP规定，结合海南实际，制定有关知识产权保护和竞争政策的实施细则；建立和完善争端解决机制、仲裁体制等法律体系，提供优质高效的商事法律服务。

五、国际化服务体系建设与琼港合作实质性突破

迟福林 中国（海南）改革发展研究院院长

建设“总部基地”，政策是基础，服务是核心。一是以建立面向东盟的区域性金融市场为重点提升海南自由贸易港金融服务能力；二是以建立与国际接轨的多元化商事纠纷解决机制为重点完善司法服务体系；三是尽快出台与“总部基地”建设相适应的法律法规体系；四是以规则与标准对接为重点加强会计审计、信用评级、投资咨询等国际化、专业化服务供给水平。

李明江 新加坡南洋理工大学拉惹勒南国际研究院副教授

新加坡人才队伍领先于亚太地区主要城市；高度密集的研究中心、充满活力的创业生态，可以为企业提供充分的合作机会；法治是决定营商环境最关键的直接因素，新加坡法律体系与国际高度接轨，依法行政、依法治理、依法

行事观念和行为非常明显；广泛且比较有吸引力的税务激励，增大了对资本的吸引力。

赵晋平 国务院发展研究中心对外经济研究部原部长

新加坡的日资企业中，近50%具有总部职能，这是因为产品更容易进入周边市场；英语广泛使用；更容易获得信息，包括商务信息。这三方面是海南建设“总部基地”需要努力的方向。

郑彬睿 中共海南省委党校副教授

充分尊重东盟的发展阶段和东盟各国的差异性，做好区域国别政策规划，采用“一国一策”菜单式的合作模式；尽快完善中国海外利益保护机制，由企业打头阵、政府和社会各界打辅助，稳中求进，以务实方式解决问题。未来要用好海南自由贸易港平台，帮助中国企业实现在东盟合规经营，快速搭建商业网络。

六、以“总部基地”建设为导向实现琼港合作的实质性突破

迟福林 中国（海南）改革发展研究院院长

琼港合作既能明显加快“总部基地”建设，又有现实可行性。一是立足现实，吸引在港央企带头在海南自由贸易港设立总部；二是尽快实现海南自由贸易港产业链与香港金融服务链的融合；三是着眼长远促进琼港合作共建海南自由贸易港进程。

黎逸轩 香港德辅大律师事务所执业大律师

适应国内企业进入东盟的“总部基地”建设对法律服务的需求，以《海南经济特区律师条例》为框架吸引香港国际法律人才落户，加强境外律师与海南律师的交流，提升及时法律支援能力。适应东盟企业面向中国“总部基地”建设对法律服务的需求，加强政府官员投资保护法治意识、投资争议解决机制认识；考虑邀请香港法律专家以“非常任法官”身份参与审理案件，以香

港作为仲裁地，充分利用内地—香港之间在仲裁方面的互惠安排。

马延昆 香港青年创新创业协会常务副会长

充分把握海南自由贸易港与粤港澳大湾区的竞合关系，以吸引港澳企业为代表的外资企业总部落地自由贸易港为先导，聚焦港澳总部需求，建设好琼港经济合作示范区。加强相互对接、推动务实合作；在相关产业上强链、补链、延链；开展定向招商和服务，鼓励琼港澳连接；对接国际经贸规则，拓展国际合作。

郭文芹 中国（海南）改革发展研究院海南自由贸易港研究所所长

推进琼港合作共建国际服务化体系，一是引入香港金融及商务服务体系；二是合作共建教育、医疗等配套服务体系；三是在条件成熟时促进琼港服务业管理规则对接、机制衔接，包括琼港跨境服务贸易负面清单的制定、实施，海南自由贸易港与香港服务业标准对接互认，条件成熟时签署琼港经济全面合作协议。

附　录

打造中国与东盟市场交汇点的重要举措

中国（海南）改革发展研究院课题组

打造重要开放门户，是中央建立海南自由贸易港的重大战略目标。新形势下，打造重要开放门户的核心是使海南自由贸易港在中国与东盟全面战略合作中发挥重要枢纽和交汇点的战略作用。在这方面，需要形成共识，也需要以务实举措尽快在某些方面取得重要进展。

1. 形成高于 RCEP 规则的开放优势

RCEP 生效既为打造中国与东盟市场重要交汇点提供历史机遇，也对海南自由贸易港形成倒逼压力。建议：

——开展海南自由贸易港政策与 RCEP 规则对比研究，并提出针对性的政策升级对策。例如，针对 RCEP 原产地规则，推进海南自由贸易港加工增值货物内销免征关税政策在计算公式、适用范围、增值比例等方面的创新、升级。

——利用时间窗口期，扩大部分农产品进口。对比 RCEP“零关税”清单与海南自由贸易港原辅料“零关税”清单，扩大椰子等海南已实行“零关税”商品的进口，设立面向东盟的农产品采购中心、分销中心、储藏中心及加工中心等。

2. 立足资源条件在对接 CPTPP 规则上实现重要突破

虽然我国加入 CPTPP 仍面临多方面困难，但海南自由贸易港有条件在关键和部分敏感领域实现规则对接。建议：

——出台《海南自由贸易港对接CPTPP规则做好高水平开放压力测试行动方案》，并争取中央相关部委支持，赋予海南省相关权限和容错免责空间。

——在清洁发展机制方面全面适用CPTPP规则。

——对标CPTPP修订《海南自由贸易港公平竞争条例》。在条例中对竞争中性、国企行为等提出明确要求。

——借鉴越南经验，稳步推进劳工条款的试验。

3. 尽快出台“总部基地”建设的政策规定

大变局下，海南自由贸易港要适应大势，以建设“总部基地”为目标，加快形成相关的政策与制度环境。建议：

——以“总部基地”为重点的相关法律法规要尽快出台。例如，出台《“总部基地”建设促进条例》《对外投资与海外经营合规管理指引》等。

——优化企业对外投资政策，取消农业、数字经济、旅游业等领域企业对外投资核准制与备案制。

——以正面清单方式引导总部企业对东盟投资。实行海南自由贸易港对外投资鼓励类行业清单及配套管理制度，明确企业经海南自由贸易港对外投资的投资形式、管理制度、融资渠道、税收政策、主管部门等。

4. 将跨境服务贸易负面清单缩减至40项以内

制定出台简约、透明、非歧视、可预见的跨境服务贸易负面清单，是海南自由贸易港制度型开放的重大任务，是做好高水平开放压力测试的关键之举。建议：

——大幅缩减限制措施数量。争取到2023年，跨境服务贸易负面清单限制措施缩减至40项以内；到2025年，进一步缩减至30项以内。

——借鉴CPTPP做法合并外商投资准入负面清单与跨境服务贸易负面清单。

——制定出台《海南自由贸易港跨境服务贸易条例》，就跨境交付、境外消费、商业存在、自然人移动等不同服务贸易模式作出详细法律规定。

——对标CPTPP出台国民待遇、最惠国待遇、国内规制、承认、透明度等可操作的“边境内”配套措施。

5. 允许外资企业在商事领域自主选择法律适用

充分保障当事人在民商事领域自主选择域内外法律适用的权限。建议：

——出台《海南自由贸易港总部企业商事法律适用条例》。赋予在海南自由贸易港注册或设立总部的港资、澳资、台资及外商投资企业对法律适用的选择权。

——吸引香港国际法律人才落户海南，为岛内企业提供国际法律诉讼、维权、合规指导及仲裁人员国际业务培训等服务。

——加强在琼律师提供国际法律援助的能力。在海南全面推广国际投资法，加快培养通晓普通法、国际仲裁规则和国际商业习惯等的律师。

6. 在免税购物、医疗健康领域实现制度型开放的实质性突破

推进免税购物与医疗健康领域的规则、规制、管理、标准等制度型开放，有需求，更有条件。建议：

——全面引入香港免税购物的服务体系、标准体系、管理体系。

——尽快改变“一家独大”的免税购物市场格局。未来，政府的主要职责是制定免税购物市场标准并严格监管，在此前提下逐步放开，实现免税购物市场的充分竞争。

——在海南全面采用发达国家的医药标准，并放开面向东盟的高端医疗健康市场。

——将博鳌乐城国际医疗旅游先行区打造成为高端医疗消费目的地和医药新技术成果转化基地。研究并出台与之相适应的开放政策。

7. 支持符合条件的香港金融机构在海南自由贸易港内向企业提供港币金融服务

以香港金融机构带动在港央企进入海南，并以机制创新实现“总部基地”在海南的企业资金自由便利进出。建议：

——支持符合条件的企业在海南自由贸易港使用港币。例如，改变

目前以账户为载体的跨境资金进出管理模式，转向以企业为主体；制定相关标准，对符合条件的企业允许其在海南自由贸易港内持有并使用港币，实现资金自由进出。

——建立琼港金融服务对接机制。例如，打造“海南承接+香港服务”的模式，增强对国内企业投资东盟的支撑能力。

——吸引香港金融及商务服务机构参与海南自由贸易港交易场所建设及港口运营。

8. 建立海南自由贸易港的国际仲裁规则

根据《2021年国际仲裁调查报告》，90%的受访者认为，国际仲裁是解决跨境纠纷的首选方法。建议：

——参照《香港国际仲裁中心机构仲裁规则》，出台《海南自由贸易港国际商事仲裁条例》。

——尝试推进海南自由贸易港的临时仲裁制度。

——进一步强调商事仲裁裁决的法律效力。杜绝司法机关对仲裁程序的不当干预，谨慎撤销仲裁裁决，确保仲裁结果的权威性。

——完善法律服务人才政策。放宽国际仲裁员、调解员等法律服务人才出入境限制，将仲裁员办案所得纳入工资薪金范围享受15%的个人所得税政策优惠。

9. 建议“一线”、“二线”适度分离

建省办特区之初，在建立特别关税区的研讨过程中曾有过将“二线”后撤的设想。当前，需要按着有利于内地企业自由便利进入海南自由贸易港，并设立投资东盟的总部基地的实际需求，谋划“一线”、“二线”的方案设计与制度安排。建议：

——争取实现“一线”“二线”适度分离。“二线”后撤至徐闻，实现“积极放、高效管”。

——海南自由贸易港的重点任务是“一线”的严格监管。一是对进出口货物查验，有效监管禁止、限制进出口的货物、物品，对进口征税商品目录内商品征税，强化出入境检验检疫；二是履行WTO、RCEP等

协定规则；三是加强涉及国家安全、社会稳定、生态保护红线、重大公共利益等海南岛内的投资与经营行为监管。

——加快“一线”领域相关立法工作。

10. 加快发展面向东盟的国际教育体系

截至目前，中国与东盟互派留学生超过20万人。适应东盟国家青年到中国留学需求的增长趋势，加快发展面向东盟的国际教育体系，促进青年层面的人文交流。

——争取支持在海南建立东盟大学，作为国家的重点项目，争取以国际援助方式吸引东盟学生到海南留学。

——与云南等地合作设立面向东盟的国际职业教育学院。依托海南自由贸易港人员进出自由便利政策及教育开放政策，聚焦农业、数字经济、加工制造、可持续发展等，开展面向东盟中青年劳动力的职业培训。

——支持省内高校、智库建立面向东盟的能力建设中心。

——推进与东盟国家职业资格互认。近期，可参照新加坡职业资格制度，与我国的职业资格制度相对比，制定合理的职业资格认可制度。

11. 成立海南与东盟国家地区间的渔民交流协会

建立渔民交流协会，将渔民间纠纷影响范围限制在地方层面，最大限度降低渔民纠纷对海洋资源开发全局、外交全局的影响。建议：

——率先建立海南琼海潭门镇同菲律宾的渔民交流机制，共同成立跨国渔业促进协会，加强双方民间沟通。

——在海南打造面向东盟的渔民教育培训基地。对东南亚各国渔民开展海洋渔业发展能力培训，推广我国渔业捕捞、养殖技术与标准；同时，围绕海洋生态环境保护、海上应急救援等领域开展面向东盟各国渔民的公益培训。

——条件成熟时牵头成立中国—东盟渔业发展委员会。借鉴国际经验，成立社会组织性质的泛南海渔业发展委员会，作为泛南海渔业发展及渔业资源治理主体，切实解决区域内非法捕捞等问题。

12. 放宽“在海南自由贸易港累计居住满183天”的限制

目前，特殊优惠政策仅对航空、航运、海洋油气勘探等行业特定人员作出例外规定，难以形成对高技术人才的吸引力。建议：

——允许在海南设立面向东盟区域性总部企业的相关人员，在东盟国家开展商务活动的时间视为在海南居住时间，享受最高不超过15%的个人所得税政策。

——明确因在海南自由贸易港建立“总部基地”而可获得“183天”例外条款的具体行业、领域，如高新技术领域的科研人员等。

13. 从实现战略目标的需求出发重新研究重大基础设施建设可行性

2012年，中改院受相关方面委托研究形成《海南经济社会发展趋势与琼州海峡跨海通道建设》研究报告。其中提出，分析判断琼州海峡跨海通道建设需求，不仅要着眼于海南未来30~40年经济社会发展的基本趋势，更要着眼于海南在全国经济社会发展中的战略定位。

当前，海南在我国开放全局中的战略地位明显提升，打造中国与东盟全面战略合作中的重要枢纽与交汇点的目标需求全面增强。从这个角度看，琼州海峡跨海通道工程建设的战略意义远大于现实意义。

此外，以邮轮旅游为重点的海上旅游不仅是促进中国与东盟海上合作的突破口，也将带动人文交流进程。为此，需要进一步研究并判断邮轮母港建设的战略意义，在取得多方面的共识与支持的前提下，规划建设三亚、海口邮轮母港。